LES COURSES DE TAUREAUX

Texte par

Armand Dayot

Illustrations par

M. Luque

Librairie d'Art
Ludovic Baschet éditeur
Rue de l'Abbaye 12
PARIS

Les
Courses de Taureaux

OUVRAGES DU MÊME AUTEUR

Tableaux et Statues (JEAN MÉRIEM). (Librairie BASCHET).

Le Salon de 1882. (Librairie BASCHET).

Les Médaillés du Salon de 1882. (Librairie MAGNIER ET Cie).

Croquis de Voyage : Italie, Espagne, Portugal. (Librairie MAGNIER ET Cie).

Les Maîtres de la Caricature française au XIXe siècle. (Librairie QUANTIN).

L'Aventure de Briscart. (Librairie CHARPENTIER).

POUR PARAITRE EN OCTOBRE

Notes sur la Peinture Française au XIXe siècle.

Armand Dayot

Les Courses de Taureaux

Illustrations de M. Luque

Librairie d'Art
Ludovic Baschet, Éditeur
12, Rue de l'Abbaye, 12
Paris

A mon Ami

Georges Antel

A. D.

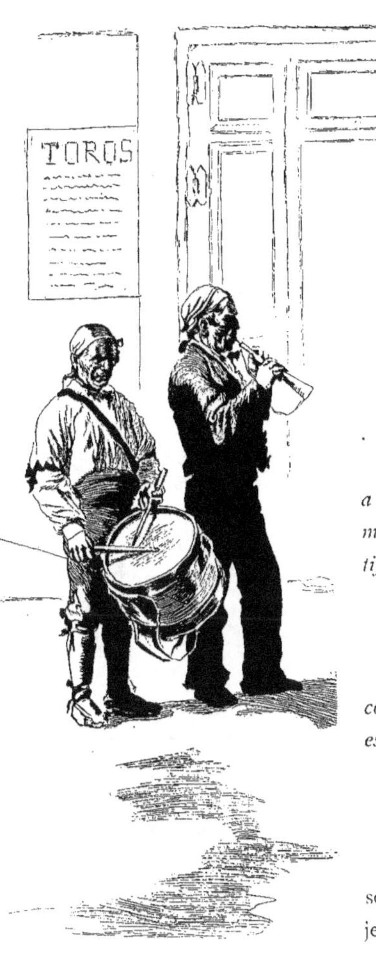

PRÉFACE

. . . .

On peut dire, en vérité, que ce spectacle a quelque chose de barbare, mais on peut affirmer qu'il n'en est pas un seul capable de fortifier davantage le cœur...

JOVELLANOS.

... Les courses de taureaux ont beaucoup contribué à maintenir la valeur du peuple espagnol.

J.-J. ROUSSEAU.
(Considérations sur le Gouvernement polonais.)

Dans ce même ouvrage, Rousseau conseille à la jeunesse polonaise l'adoption de ces jeux héroïques.

. . . .

L'on a dit et répété de toute part que le goût des courses de taureaux se perdait en Espagne, et que la civilisation les ferait bientôt disparaître; si la civilisation fait cela, ce sera tant pis pour elle, car une course de taureaux est un des plus beaux spectacles que l'homme puisse imaginer.

(Tra los Montes.) *THÉOPHILE GAUTIER.*

. . . .

Ce matin, je ne comprenais pas que les yeux des femmes espagnoles pussent s'arrêter sur cette arène; en ce moment, il me semble qu'il n'est pas une héroïne de Calderon, de Lope de Vega, de Rojas, qui n'ait assisté, au moins une fois, à une corrida de novillos. *C'est dans cet amusement qu'elles ont trempé de bonne heure leur âme tragique. La Chimène du Cid n'a-t-elle pas une goutte de sang de taureau dans le cœur? Qui voudrait le jurer après avoir lu les romances? On croit que cette férocité va mal avec l'amour! Oui, avec l'amour de Florian, mais non avec celui de Calderon. Il n'est pas un amant passionné qui ne préférât cent fois voir la femme qu'il aime assister à ce carnage, plutôt qu'à ces petites pièces bourgeoises, demi-fades, demi-obscènes, où nos grandes dames vont perdre non la pitié, mais la pudeur et la hauteur de l'âme.*

Ce spectacle, si fortement enraciné dans les mœurs, n'est pas un amusement, c'est une institution. Elle tient au fond même de l'esprit de ce peuple. Elle fortifie, elle endurcit, elle ne corrompt pas. Qui sait si les plus fortes qualités du peuple espagnol ne sont pas entretenues par l'émulation des Toros, le sang-froid, la ténacité, l'héroïsme, le mépris de la mort? Dans les légendes du Nord, Sigfried, pour être invincible, se baigne dans le sang du monstre.

Ni le souffle du Midi, ni la galanterie des Maures, ni le régime monacal n'ont pu amollir l'Espagne, depuis qu'elle reçoit l'éducation du Centaure. De combien de jeux dissolus ces jeux robustes ne l'ont-ils pas préservée? Le taureau a toujours combattu avec elle. Ornez son front d'une devise d'argent et d'or; il a vaincu Mahomet, Philippe II, Napoléon.

Si j'étais Espagnol, je me garderais bien de porter, au nom des subtilités nouvelles, la moindre atteinte à ces jeux héroïques; je voudrais, au contraire, leur rendre tout leur lustre. Supprimez, comme quelques personnes vous le conseillent, les courses de taureaux, vous voilà aussitôt envahis par le théâtre étranger, le vaudeville, les propos à double sens, les fadeurs et les obscénités bourgeoises. Sans compter que le véritable art trouve infiniment mieux son compte dans le coup d'épée de Montès que dans tout cela; vous vous énervez, et vous ne vous civilisez pas. Je n'entends jamais les étrangers inviter l'Espagne à se défaire de ses corridas *sans penser à la fable du lion qui raccourcit ses ongles.*

(Mes Vacances en Espagne.) *EDGAR QUINET.*

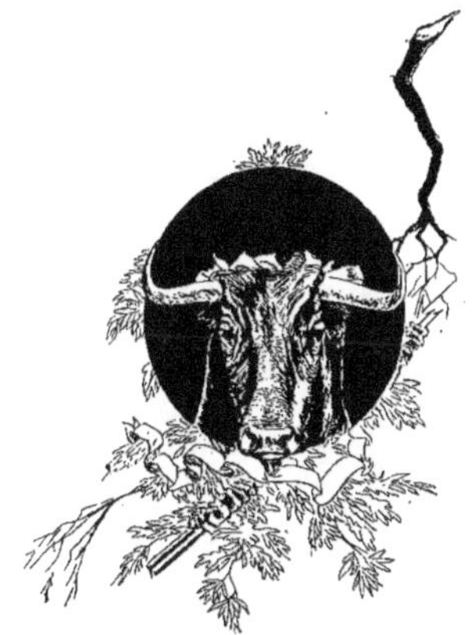

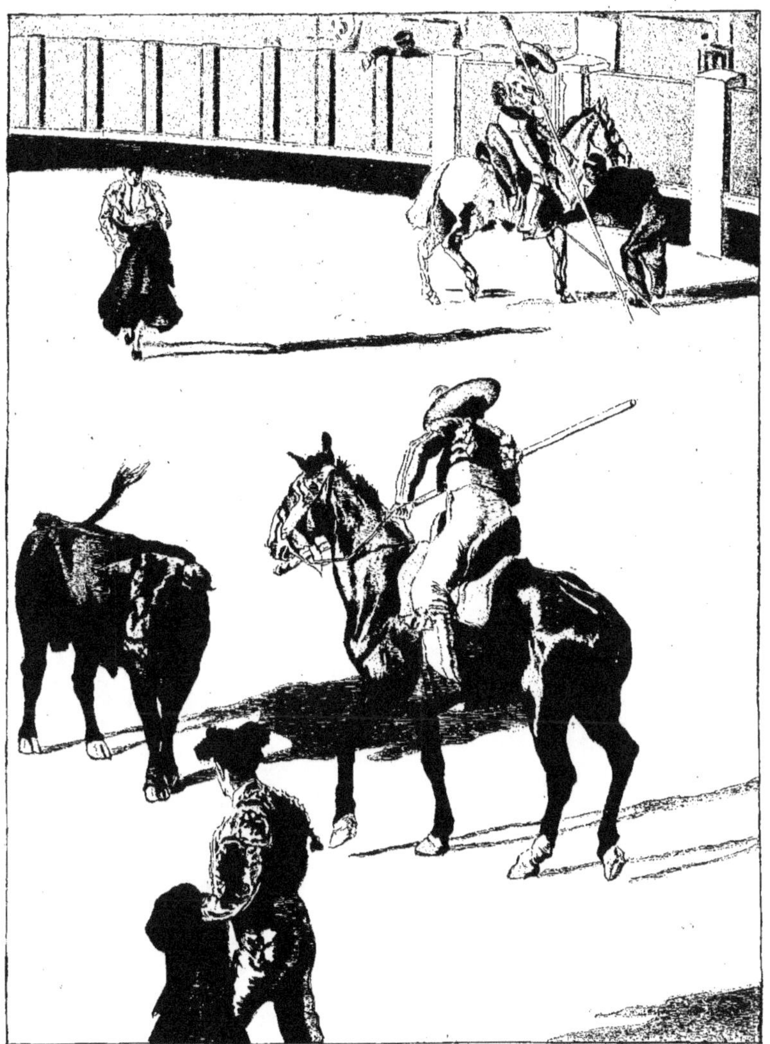

Picador.

Imp. Draeger et Lesieur.

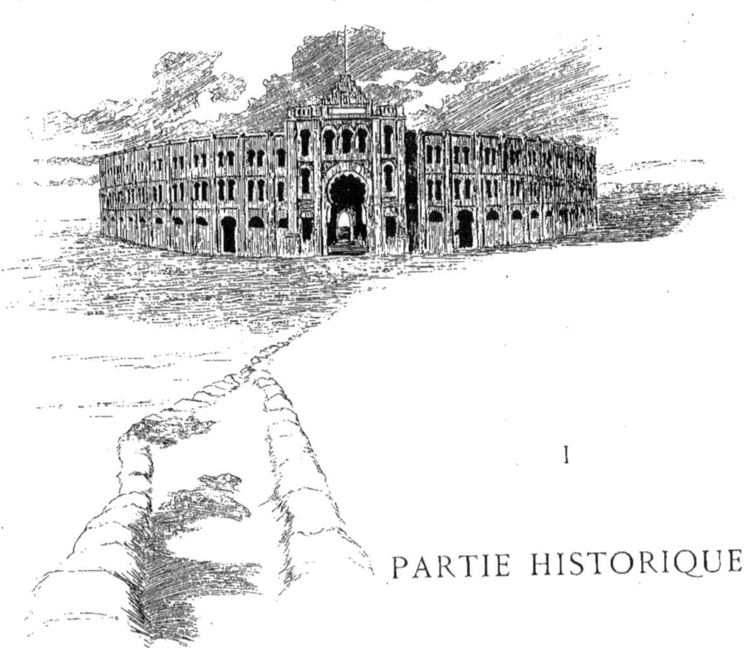

I

PARTIE HISTORIQUE

Nous renonçons, malgré nos incursions nombreuses à travers les textes tauromachiques, à fixer d'une façon absolue l'origine précise des courses de taureaux en Espagne. Parmi les nombreux auteurs qui ont traité cet intéressant sujet, en est-il deux, d'ailleurs, qui aient assigné la même date initiale à ces fêtes héroïques?

L'un affirme très sérieusement que les cavaliers d'Asdrubal montés sur leurs chevaux numides couraient les taureaux sauvages au pied des montagnes de la nouvelle Carthage. Plus tard les soldats de Scipion régularisant ces dangereux exercices en auraient fait des distractions guerrières d'où sortit, après des vicissitudes sans nombre, la *cuadrilla* classique.

Il ne nous appartient peut-être pas de repousser dédaigneusement des conclusions aussi formellement établies.

Mais nous acceptons néanmoins très volontiers l'hypothèse vraisemblable contenue dans l'intéressant ouvrage de M. D. F. S. de A... *las Corridas de toros,* à la compétence tauromachique duquel nous avons demandé plusieurs fois de précieux renseignements.

D'après ce savant *aficionado,* ce fut dans les cirques bâtis par les Romains et où luttaient des bêtes féroces importées d'Afrique, gigantesques constructions dont on admire encore les vestiges à Mérida, à Tarragone, à Murviedo, à Cordoue, que naquirent les courses de taureaux.

Tarik ayant dans une terrible bataille de sept jours détruit l'armée des Goths et ne trouvant plus d'ennemis à soumettre à la puissance du Califat, n'aurait-il pas, en guerrier politique, songé à utiliser ces vastes arènes désertes et à y exercer dans des luttes quotidiennes le courage de ses Berbères, redoutant peut-être pour leur ardeur belliqueuse une inaction prolongée dans les molles campagnes de l'Andalousie?

Certes, nul ennemi n'était plus digne de se mesurer contre les audacieux Africains que l'indomptable taureau castillan et il est permis de supposer que le premier conquérant arabe de l'Espagne le comprit fort bien et institua les courses de taureaux pour tenir en haleine ses soldats victorieux et désœuvrés.

Aucun romancero ne nous dépeint, il est vrai, le grand Ben-Zeyad-Tarik excitant du haut de sa tribune présidentielle ses noirs picadors au combat. Jusqu'à preuve du contraire nous voulons cependant croire que les courses de taureaux s'établirent en Espagne au VIIIe siècle, et que c'est aux Arabes que revient la gloire de les avoir fondées. On ne peut d'ailleurs repousser cette hypothèse sans admettre, chose invraisemblable, que les Maures et les Castillans instituèrent les courses d'un commun accord, car des documents du Xe siècle, qui font absolument foi en cette matière, affirment que sous les califats d'Abderame III et de Hakem II on vit, pendant de longues trêves qui traversèrent ces deux règnes brillants, des chevaliers espagnols lutter contre des taureaux dans la même arène que des chefs maures et disputer à ces derniers le prix du combat.

Qui ne connaît cet épisode de la jeunesse aventureuse du Cid qui, prenant part un jour à une fête tauromachique organisée à Madrid par les Arabes, tua la bête du premier coup et mérita d'être applaudi par ses ennemis émerveillés. S'il faut en croire la chronique, cette célèbre estocade fut comme la consécration définitive des courses de taureaux en Espagne. A partir de ce jour les cirques où luttaient les Arabes furent abandonnés par les Espagnols, et l'on vit s'élever sur tout le territoire de la péninsule des arènes où la fleur de la jeunesse castillane exerça librement sa valeur et son adresse, ne demandant d'autre récompense pour ses dangereux exploits que le chevaleresque honneur d'être remarquée par de beaux yeux noirs pleins de terreur et d'admiration.

Casque en tête et bardés de fer, ils s'avançaient, la lance au poing et montés sur leurs bouillants andalous, au-devant de la bête. Parfois, malgré l'allure désordonnée du cheval que les beuglements effrayaient, le cavalier parvenait à blesser mortellement le taureau; mais le plus souvent picador et cheval roulaient à terre dans la lutte et c'était l'épée à la main que le gentilhomme désarçonné devait vaincre ou... être vaincu.

Une loi d'honneur lui défendait de se remettre en selle.

Hélas! quand le cheval était hors de combat, l'homme triomphait rarement. Bien que son cœur fût toujours solide et son bras vigoureux, il ne pouvait, gêné par le poids de ses armures défensives, éviter longtemps le choc de son agile adversaire. Et peu d'instants après avoir touché le sol du pied, il s'y pelotonnait de son mieux, très heureux de pouvoir trouver derrière sa lourde armure un abri contre les coups de corne du vainqueur.

Les nobles aficionados de cette époque comprirent-ils qu'il était impossible au cavalier désarçonné de lutter avec avantage contre le taureau, s'il conservait une fois à terre le casque, la cuirasse et les jambières de fer qui le garantissaient si utilement contre les attaques furieuses de la bête.

Nous le croyons sans peine, bien que plus d'un demi-siècle avant le règne d'Alphonse III jusqu'au XVIIe siècle la chronique espagnole demeure muette sur les courses et ne nous permette pas de décrire le costume dans lequel le cavalier désarçonné se présentait devant le taureau.

Cependant tout porte à croire que, durant cette longue période où la plume du chroniqueur nous semble avoir bien plus sommeillé que l'art chevaleresque de la tauromachie, le costume du toréador dut être considérablement simplifié sans être peut-être encore aussi élégant dans sa légèreté que celui de velours grenat que portait Philippe IV lorsqu'il courait le taureau « a pié y a caballo ».

*
* *

Tout en admirant pendant une course récente la prodigieuse adresse de *Frascuelo*, qui dans son riche costume moderne, collant comme un maillot, voltigeait gaiement autour d'un taureau furieux en le fouettant de son éclatante muleta avant de le percer de son épée, je songeais involontairement aux toréadors contemporains du Cid, traversant péniblement l'arène dans leurs armures d'hoplites. Puis, il me semblait entendre le bruit de leur chute pareil à celui d'un tronc d'arbre abattu par la tempête, et je comparais le torero de nos jours, tout vêtu de soie et d'une suprême agilité, à un brillant papillon dont la chrysalide fut la lourde carapace des coureurs de taureaux du XIe siècle

Sous le règne de Philippe IV, l'art de la tauromachie fut en très grand honneur en Espagne. Fort peu préoccupé des affaires de l'État qu'il abandonnait entièrement à la direction néfaste du présomptueux comte d'Olivarès, le petit-fils de Philippe II, grand chasseur et grand coureur de taureaux, ainsi que l'attestent les portraits de Vélasquez et les romanceros de l'époque, combattit lui-même fréquemment dans l'arène, à l'exemple de son illustre bisaïeul Charles V.

On ne saurait trop regretter que les peintres officiels de cet aficionado royal, Rubens et Velasquez, ne l'aient pas représenté luttant à cheval au milieu de sa cour éblouissante, contre un noir taureau d'Andalousie, sous le ciel lumineux de l'Espagne.

N'était-ce pas là un sujet digne d'inspirer les fastueux génies des deux grands artistes ?

On pourrait diviser en deux périodes bien distinctes l'histoire des courses de taureaux en Espagne : la *période aristocratique* et la *période populaire*.

La première s'étendrait depuis leur origine présumée, c'est-à-dire depuis l'invasion des Arabes, jusqu'en 1770, époque de l'avènement des Bourbons.

La seconde commencerait au règne de Philippe V.

Depuis le fameux exploit tauromachique du Cid Campéador jusqu'au jour où la dynastie autrichienne quitta le trône d'Espagne, les seigneurs seuls eurent le droit de chevaucher et de descendre dans l'arène, et ce fut surtout à partir de 1415 que la noblesse espagnole abandonna presque complètement les tournois et les chasses pour ce genre de distraction et s'y livra passionnément.

Sous le règne des Bourbons, les gentilshommes quittèrent peu à peu les cirques et y laissèrent pénétrer le peuple. — Celui-ci s'y établit avec une telle puissance qu'il y règne encore en maître aujourd'hui, et le gouvernement agirait, croyons-nous, d'une façon aussi impolitique que ridicule, s'il cherchait à l'en éloigner.

Il faut attribuer, croyons-nous, l'abandon des arènes par la noblesse, à la direction donnée à l'esprit de la haute société madrilène par la cour des Bourbons, qui, peu familiarisée avec les mœurs belliqueuses de l'aristocratie espagnole et regrettant sans doute encore les élégantes corruptions des fêtes de Versailles, osa réagir dès son avènement contre des jeux sanglants qui répugnaient à ses goûts.

Pour donner au lecteur une idée de l'ardeur avec laquelle les gentilshommes espagnols recherchèrent pendant plusieurs siècles à s'illustrer dans les courses de taureaux, détachons de la partie du livre d'or de la tauromachie antérieure au règne de Philippe V quelques-uns des noms qui brillent du plus vif éclat dans l'interminable liste d'honneur.

Citons en première ligne deux rois : Charles-Quint et Philippe IV.

Puis vinrent les ducs de Medina-Sidonia, de Cantillana, de Biano, de Bonifaz, de Sastagato, de Zarate, de Maqueda ; les comtes de Buelma, de Villamediana, de Grandejar, de Tendilla, de la Peña ; les chevaliers Manrique de Lara, don Gregorio Gallo, don Juan Chacon, de Olazo, Ramirez de Haro, Veloda, Pueyo, Villamor ; don Fernando de Pizarro, le conquérant du Pérou, etc.

PÉRIODE POPULAIRE

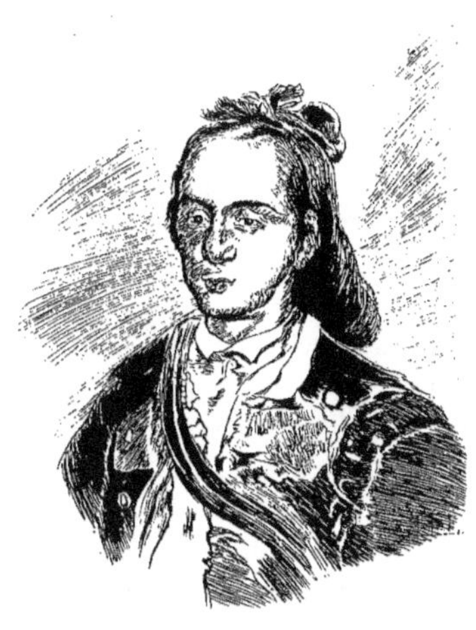

ROMERO.

Vers la fin du XVIIIe siècle, un jeune torero du nom de Pedro Romero, natif d'Arunda (Andalousie), eut l'idée de soumettre les courses de taureaux à un certain nombre de règles qu'il sut faire accepter par ses contemporains et qui devinrent comme le code du toréador. Pedro Romero peut être considéré à juste titre comme le véritable créateur de l'art de la tauromachie. Jusqu'au jour où il formula les lois du combat, les courses de taureaux n'offraient d'autre spectacle que celui d'un duel, fort intéressant, il est vrai, mais où l'homme n'ayant d'autre but que celui de tuer son adversaire, s'inquiétait fort peu de la grâce à déployer pour charmer le spectateur et frappait volontiers la bête à coups redoublés et à tout endroit du corps.

Ce fut Pedro Romero qui, faisant de la course de taureaux une sorte de drame en deux actes, créa le *matador* ou *spada*.

Ce nouvel acteur, vêtu d'un costume approprié au rôle qu'il allait jouer, apparaissait sur la scène du combat au moment où la bête, rendue furieuse par les blessures, presque toujours légères, que lui avait faites la lance du cavalier, s'acharnait sur le cadavre du cheval éventré.

Le matador n'avait pour arme défensive qu'une longue épée, fort mince, mais admirablement trempée. Son costume, assez semblable à celui du spada de nos jours, ne manquait pas d'élégance.

Nous sommes heureux de pouvoir décrire ici, d'après un document de l'époque, celui que portait Pedro Romero lui-même dans la fameuse course dont nous donnons plus loin le récit. Pendant de longues années, ce costume fut l'uniforme classique du spada.

Il se composait d'une longue résille de velours rouge qui pendait sur le dos. C'était d'ailleurs une des parties essentielles de la coiffure compliquée de cette époque. Le col de la chemise serrait étroitement la gorge et montait très haut. Le buste était pris dans un justaucorps de satin noir un peu long, qui s'agrafait dans le dos et était assujetti à la taille par une courroie ornée d'une large plaque de métal brillant. Les extrémités des manches du justaucorps disparaissaient presque toujours sous le retroussis de celles de la chemise. Les culottes, extrêmement collantes, se terminaient par de gros nœuds de rubans de soie placés au-dessous du genou. Les bas étaient blancs, et sur les souliers faits d'un cuir souple et verni brillaient des boucles d'argent.

Ainsi vêtu, le matador ne pouvait plus se fier uniquement comme autrefois à son inébranlable courage et à la puissance de son épée. Il devenait nécessaire qu'il suppléât à l'absence absolue d'armes défensives par une étonnante souplesse de mouvements, par son adresse à frapper, et par une savante agilité. Pedro Romero expliquait pratiquement les principes de l'art tauromachique à ses contemporains en exposant héroïquement sa vie, et il le fit avec une éloquence telle que son nom demeurera dans l'histoire des courses de taureaux comme celui du plus illustre spada d'Espagne, malgré la grande réputation que se firent ses élèves dans l'art qu'il avait créé. Ses principes, qui sont encore généralement observés aujourd'hui par les spadas en renom, ont été recueillis en 1798 par *José Delegado* y Galvez, dans son livre *d'el arte de corir a caballo y a pié*, le premier ouvrage qui ait paru sur ce sujet.

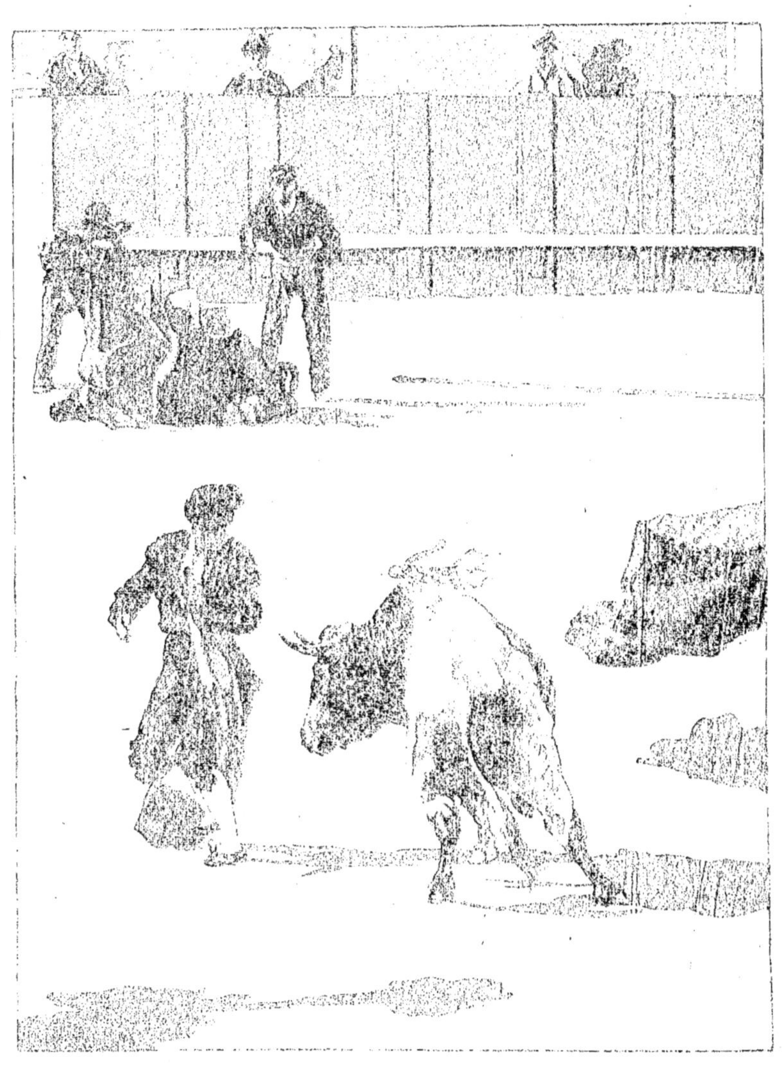

[illegible] gères [illegible] avait [illegible] ance [illegible] cavalier. [illegible] val [illegible]
[illegible] me défensive [illegible] longue épée, [illegible] mince, [illegible] costume, assez semblable à celui du spada [illegible] gance.

[illegible] voir décrire ici [illegible] document de l'e[illegible] Pedro [illegible] lui-même [illegible] course d[illegible] le récit. [illegible] de longues [illegible] costume [illegible]

[illegible] velours [illegible] qui pendait sur le [illegible] une des parties [illegible] de la [illegible] compliquée de [illegible] de la chemise serrait [illegible] montait très [illegible] était pris dans un justaucorps de satin [illegible] un peu long, qui [illegible] dos et était assujetti à la taille par une courroie [illegible] de métal brillant. Les extrémités des manches [illegible] corps [illegible] presque toujours sous le retrouss[illegible] chemi[illegible] extrêmement collantes, se term[illegible] gros nœuds de [illegible] au-dessous du ge[illegible] blancs, et [illegible] les [illegible] souple [illegible] boucles d'argent [illegible]

[illegible] pouvait plus se fier uniquem[illegible] [illegible] courage et à la puissance de son ép[illegible] de[illegible] [illegible] à l'absence absolue d'armes défen[illegible] pa[illegible] une [illegible] de mouvements, par son adresse à frap[illegible] et p[illegible] une [illegible] Pedro Romero expliqua pratiquement les p[illegible] de l'art [illegible] ses contemporains en exposant héroïque[illegible] sa vie [illegible] il [illegible] éloquence telle que son nom demeurera [illegible] l'histo[illegible] des [illegible] taureaux comme celui du plus illustre spa[illegible] Espagne [illegible] [illegible] utation [illegible] firent ses élèves dans [illegible] avait [illegible] Ses [illegible] sont encore généralement observés au[illegible] par [illegible] en [illegible] recueillis en 1798 par *José Delgado* [illegible] alvez, [illegible] *El arte* [illegible] *a caballo y a pie* le premier [illegible] age qui ait [illegible] sur [illegible] sujet.

4

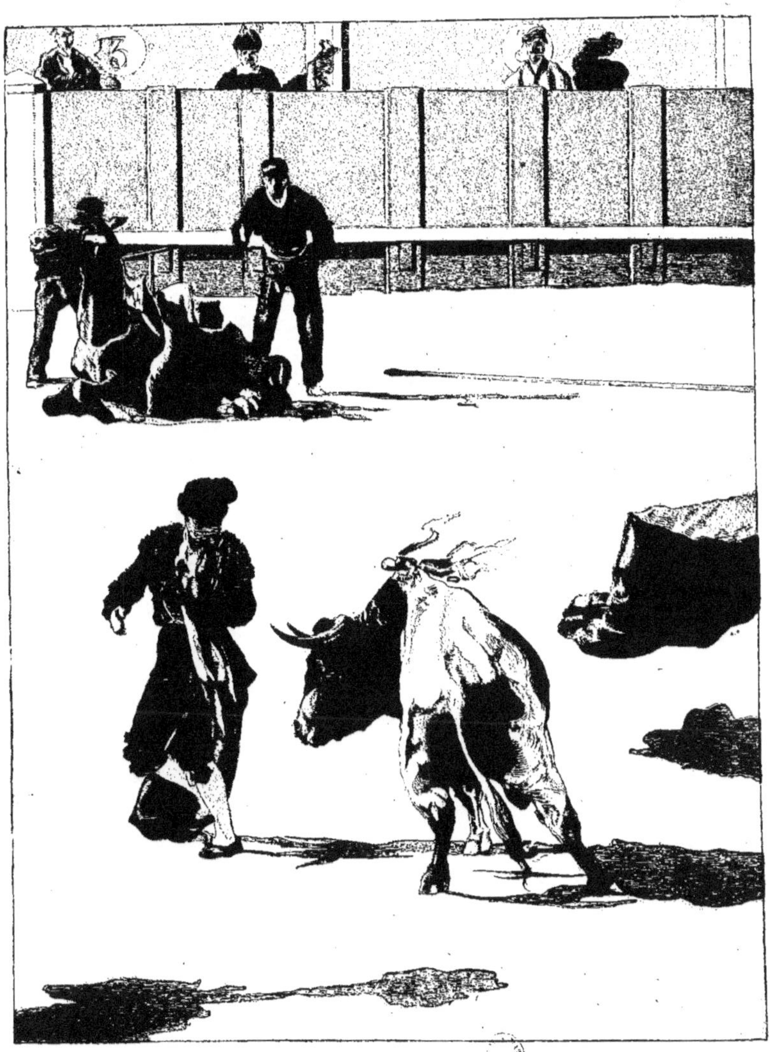

Capeador.

Imp. Draeger et Lesieur.

Pour donner au lecteur une idée de la bravoure de Pedro Romero et de son étonnante habileté nous reproduisons ici la curieuse description d'une course royale en 1789, course dont notre spada fut le héros, et qui fut célébrée en vers par le poète Cerrajeria, disciple fidèle de Gongora y Argote :

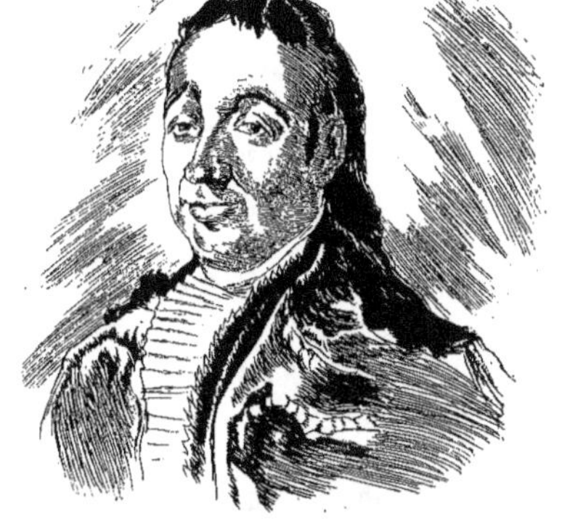

JOSE DELEGADO.

* * *

« A l'occasion de l'avènement de Charles IV au trône d'Espagne, de brillantes courses de taureaux furent données à Madrid. On confia la direction de ces courses au fameux spada Pedro Romero.

J'ai toujours présent devant les yeux l'étincelant spectacle qu'offrait l'arène avec ses balcons remplis de femmes charmantes et d'élégants cavaliers.

Dans une vaste tribune dressée pour la circonstance au rez-de-chaussée du cirque, se tiennent assis le roi Charles IV et la reine Marie-Louise.

Les souverains sont entourés de dames d'honneur, de gentilshommes, de ministres, d'ambassadeurs, de chevaliers et de gardes.

Toutes les loges sont envahies par la noblesse.

Sur les gradins s'entassent les joyeux étudiants avec leurs maîtresses, les soldats, les marchandes d'amour effrontées (*vendedoras desgarradas*), les artisans avec leurs femmes endimanchées, les élèves toreros, etc.

Et tout ce monde criait, riait, chantait, plaisantait à tout propos, et s'impatientait à grand bruit.

Les *ganaderias* avaient fourni leurs meilleurs taureaux, et les cuadrillas étaient parfaites. Jamais la piste n'avait été meilleure et le soleil brillait dans un ciel d'azur. Tout semblait devoir concourir au triomphe de la fête.

A l'heure convenue les toreros font leur entrée en scène. Leur adversaire est un superbe animal.

On vit alors Pedro Romero, dont la réputation était déjà glorieuse, s'avancer vers le corrégidor et lui demander la faveur de céder sa place à son frère Juan.

La faveur est accordée et le jeune spada se dirige tout fier vers le taureau, au milieu des applaudissements et des cris d'encouragement de la foule.

Derrière les barrières, une jeune fille s'appuyait à l'épaule d'un vieillard. Ces deux êtres regardaient silencieusement les préparatifs du combat et leurs visages étaient contractés par une horrible inquiétude.

Juan s'avançait toujours vers le taureau.

Tout d'un coup celui-ci se rue sur le jeune homme, et d'un coup de tête le lance dans les airs.

Il retomba lourdement sur le sol, pendant que la bête célébrait sa victoire par un long beuglement.

Un cri d'épouvante s'élève de toutes parts. Soudain on voit le vieillard franchir les barrières et courir dans l'arène. Puis il s'agenouille près du corps du blessé et, fou de douleur, il essaie tour à tour, avec ses mains et avec ses lèvres, d'arrêter le sang qui s'échappe à flots d'une affreuse blessure.

Mais Pedro Romero, brandissant l'épée abandonnée sur le sol, crie au vieillard éperdu : « Père, priez la Sainte Vierge pour moi, car si je ne tue pas le taureau je vais mourir. »

En même temps une voix de femme fait entendre ces paroles : « Pour l'amour de moi, pour l'amour de tes enfants, Pedro, je t'en supplie, n'expose pas tes jours ! »

Quelle situation. Mais, sans se laisser émouvoir par le spectacle de son frère mourant, de sa femme en pleurs, de son vieux père écrasé par la douleur, de ce roi qui le contemple, de cette foule hurlante, pâle, ne songeant plus qu'à la vengeance, il s'élance les yeux pleins de flamme au-devant du taureau en poussant un cri terrible qui fait frissonner les spectateurs du drame.

L'angoisse étreint toutes les poitrines, mais bientôt l'épée brille comme un éclair et disparaît jusqu'à la garde entre les deux épaules de la bête, qui tombe sur les deux genoux, mortellement blessée; l'estocade a été foudroyante.

Alors éclatent de tous côtés des applaudissements sans fin. Le délire de la foule est à son comble. Les dames saluent avec leurs mouchoirs et jettent des bouquets au vainqueur. Le roi envoie un de ses pages féliciter le spada et prendre des nouvelles du blessé.

Mais Pedro n'entend rien, ne voit rien de ce qui l'entoure. Il s'élance vers son vieux père et sa femme qu'il console et rassure de son mieux, puis il étreint dans ses bras le corps de son frère qu'il couvre de ses baisers et de ses larmes.

C'est ainsi qu'on vit se manifester au grand jour, d'une façon saisissante, et dans l'espace de quelques minutes, le désespoir d'un père, l'amour d'une femme, l'intrépidité d'un homme, l'enthousiasme d'un peuple, la tendresse d'un roi, le triomphe de l'adresse sur la force brutale.

Et qu'on ne vienne pas nous dire après cela qu'un drame joué au théâtre intéresse davantage le public ! *Laissons cette opinion aux Français.* »

*
* *

Tout en admettant que le premier spada d'Espagne fit preuve dans la lutte d'une incomparable adresse, on se figure facilement qu'une course de taureaux est d'autant plus intéressante que le nombre des acteurs est plus nombreux et qu'un duel, quelque bien réglé qu'il soit, finit par devenir monotone malgré la valeur des champions.

Juan Romero, qui fut lui-même un torero fort distingué, le comprit fort bien, et si l'on doit au père la création du spada, le fils peut de son côté revendiquer l'honneur d'avoir institué les *picadors*, les *banderilleros* et les *capéadors* dont il fixa définitivement les attributions respectives.

On peut dire que la *cuadrilla* naquit avec les deux premiers Romero.

Juan Romero mourut à l'âge de cent deux ans, laissant à son plus brillant élève Miguel Galvez le titre glorieux de premier spada de l'Espagne, et la direction de sa propre cuadrilla.

D'après les écrivains de l'époque, l'adresse, l'agilité et la grâce de ce torero étaient si remarquables qu'il ne pouvait se présenter dans aucune des arènes de la péninsule sans provoquer l'enthousiasme populaire.

La formule de l'art tauromachique était trouvée. Aux Romero, à Galvez, à Bargaiztegui succède, de 1770 à 1801, une pléiade de toreros célèbres, presque tous formés dans l'arène de Séville, très courue à cette époque. Citons parmi les plus remarquables Castillarès et Pepe-Hillo. Le jeu de leurs prédécesseurs était d'une perfection si grande qu'ils cherchèrent surtout à s'illustrer en donnant à leurs mouvements une grâce parfaite et à la mise en scène du combat un éclat incomparable.

Les écoles d'Arunda et de Séville se distinguaient à cette époque par des caractères très particuliers. La première se faisait remarquer par la sobriété savante de son jeu, la seconde par l'élégance de son escrime et par son amour du décor.

C'est un chef de cuadrilla de Séville, Pepe-Hillo, qui remplaça le costume du temps, dont nous avons tracé plus haut une rapide esquisse, et qu'il trouvait encore trop sévère, par celui que portent encore aujourd'hui les toréadors, sans que le moindre changement en ait modifié la suprême élégance.

Pendant tout le règne de Joseph Bonaparte, cet infortuné roi malgré lui, les plazas de toros demeurèrent désertes du Guipuzcoa à l'Andalousie, malgré les efforts des toréadors Bartholomeo Ximenez, Leonico Baden, et Antonio Romero, au zèle professionnel desquels le gouvernement, dans un but facile à comprendre, ne ménageait pas les encouragements. Jusqu'au retour de Ferdinand VII, les gradins des arènes demeurèrent vides, et nous pensons que le noble peuple espagnol ne pouvait mieux exprimer que par cette privation volontaire de ses divertissements favoris le deuil qu'il portait au cœur devant le tableau de sa patrie envahie par l'étranger.

En 1813 les courses reprirent de plus belle et le peuple s'y adonna avec d'autant plus d'ardeur que le roi Ferdinand, après avoir supprimé les fêtes tauromachiques pendant la première partie de son règne, les autorisa et fit même disparaître des arènes les taureaux *embolados* (1) de Charles IV.

Quelques années plus tard il créait à Séville une école pratique et théorique de tauromachie avec un directeur officiel, Pedro Romero, aux appointe-

(1) On appelle taureau *embolado* celui dont l'extrémité des cornes est armée de boules en bois ou en cuir.

ments de 12000 réaux. Peut-être espérait-il, en flattant ainsi les goûts de ses sujets, se faire pardonner peu à peu la confiscation de leur liberté et leurs répugnances à prêter serment à la constitution de 1812?

Il serait cependant difficile de composer une liste brillante avec les noms des toreros qui se sont fait remarquer de 1813 à 1830.

Hâtons-nous donc de citer, et bien en première ligne, l'illustre Francisco Herrera Rodriguez, plus connu sous le sobriquet de Curro-Guillen, et dont le souvenir est encore presque aussi vénéré de nos jours en Espagne que celui du Cid et de saint Isidore. Les chroniqueurs tauromachiques contemporains de Curro-Guillen ont fait bien des portraits du célèbre spada. Copions-en un, dû à la plume d'Antonio el Mejicano, et qui nous paraît être l'image fidèle de ce prodigieux Francisco Rodriguez, qui tour à tour picador, toréador, banderillero, spada, traversait le Portugal et l'Espagne en marchant de triomphes en triomphes et en soulevant l'enthousiasme populaire partout où il passait.

« Curro-Guillen a vingt ans à peine. Il est grand, mince de la taille, large des épaules. Il a des mains et des pieds de femme. Sa figure est celle d'une jeune fille. Ses yeux noirs et un peu trop enfoncés luisent étrangement. Ses mouvements sont souples et gracieux, et sa tenue est si naturellement correcte en présence de la bête, bien qu'il soit encore bien jeune, qu'on devine aisément que dès sa plus tendre enfance il a été initié à l'art difficile de la tauromachie. N'est-il pas en effet fils de Francisco Herrera Guillen et petit-fils de Francisco Herrera, deux des plus célèbres élèves de l'école sévillane? Puisse-t-il *pour la gloire de l'Espagne* ne pas s'abandonner complètement aux caresses de ses trop nombreuses maîtresses et éviter les chaînes de fleurs que tressent pour lui les mains les plus aristocratiques et les plus blanches de l'Espagne. »

Curro-Guillen fut tué par un taureau dans l'arène d'Arunda, à l'endroit même où s'illustra le premier spada d'Espagne, Pedro Romero. Il n'avait que 43 ans.

Les courses de taureaux périclitèrent pendant quelques mois après la disparition de Francisco Herrera Rodriguez. De fâcheuses discussions s'élevèrent

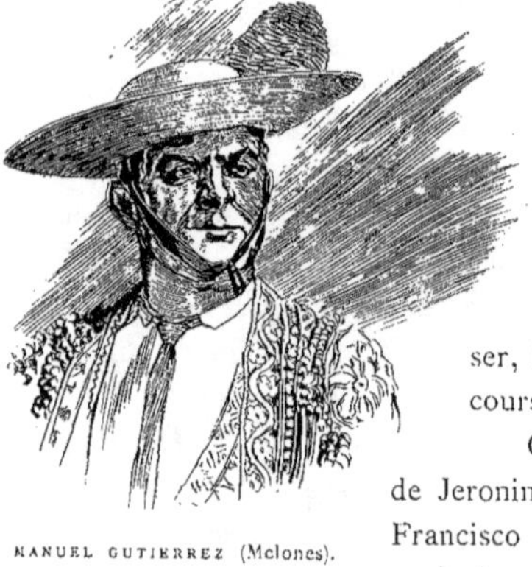
MANUEL GUTIERREZ (Melones).

entre les élèves du maître, qui tous lui étaient bien inférieurs, mais qui cependant aspiraient sans exception à l'honneur de diriger des cuadrillas. De là des tiraillements sans fin que le prestige moral du chef ne pouvait plus apaiser. Aucune personnalité ne réussissant à s'imposer, le public cessa bientôt de suivre les courses avec le même intérêt.

Cependant, grâce aux généreux efforts de Jeronimo José Candido, contemporain de Francisco Herrera, et qui depuis longtemps avait abandonné lui-même la plaza de toros, les rivalités, au milieu desquelles l'art tauromachique menaçait de disparaître, s'apaisèrent peu à peu. Bientôt le peuple put retourner en toute confiance à ses plaisirs favoris et, jusqu'au jour où les prodigieux exploits de Francisco Montès firent oublier un moment le regretté Curro-Guillen, il put encore assister à quelques courses remarquables dirigées par Juan Nunez, José Antonio Baden, Francisco Fernandos, Juan Léon.

La réputation du grand Montès est si considérable que nous avons cru être agréable au lecteur en empruntant à l'ouvrage de M. D. F. S. de A... quelques-unes des lignes biographiques qu'il a consacrées au célèbre spada.

Francisco Montès naquit à Chiclana (province de Cadix) en 1804. Il y mourut en 1851. Son père, employé d'administration, avait rêvé pour son fils une carrière bureaucratique semblable à la sienne. Mais ayant perdu sa position à la suite de circonstances que nous ignorons, il fut réduit à placer son fils en apprentissage chez un contremaître. Le jeune homme affectionnait les courses de taureaux, aussi était-il toujours des premiers à l'arène de la ville, dès que ses occupations professionnelles lui laissaient quelques loisirs.

Le vieux Jeronimo José Candido ayant eu l'occasion de deviner chez le jeune homme de remarquables dispositions pour la carrière tauromachique parvint à le faire recevoir à l'école de Séville. Il retourna bientôt à Chiclana où il prit part à quelques courses. Malgré les applaudissements qui lui furent prodigués, il comprit bien vite que nul n'est prophète en son pays; aussi, après avoir passé une année à peine dans sa ville natale, il se dirigea vers Madrid, brûlant du désir de combattre devant la cour. Son ambition fut bientôt satisfaite et l'ovation qu'il obtint après sa première course dans la capitale lui prouva qu'il avait sagement agi en choisissant une scène digne de son adresse.

Vainement ses anciens protecteurs Antonio Ruiz et Roque Miranda rivalisèrent d'efforts pour le supplanter dans l'estime publique. Chacune des courses qu'il dirigeait se terminait pour lui par un éclatant triomphe, et son nom fut bientôt entouré d'un tel prestige qu'on accourait non seulement de toutes les provinces d'Espagne, mais encore de France et d'Italie, pour admirer ses merveilleuses estocades.

Juan Léon lui-même, qui était très apprécié, fut bientôt totalement éclipsé par Montès.

La carrière tauromachique de ce dernier fut aussi courte que brillante. A peine dura-t-elle quatorze années.

Il se retira encore assez jeune dans sa ville natale, couvert de gloire et très regretté du public.

Bien des années après sa retraite volontaire il lui prit fantaisie de reparaître en scène. Mais, hélas! l'inaction avait raidi ses membres et, dans une course où il luttait contre un taureau extrêmement agile, il eut la cuisse traversée d'un coup de corne (21 juillet 1850). — Cette blessure grave l'obligea à garder le lit pendant quelques mois. On lui fit encore dans la suite de très brillantes propositions pour le décider à ressaisir sa terrible spada, mais ce fut en vain.

Il mourut des fièvres à Chiclana, entouré des soins de ses compatriotes. L'Espagne entière pleura sa mort. Il laisse un livre plein de renseignements précieux sur l'art de combattre le taureau.

Le bruit circula un moment qu'Isabelle II venait de décerner à Montès le titre de comte. La facilité avec laquelle le public crut à cette nouvelle démontre l'étendue de la popularité du toréador.

On se figurerait à tort que Montès fut le seul torero remarquable de son temps, mais il avait su captiver d'une façon si absolue la faveur du peuple, qu'on dit encore volontiers aujourd'hui l'époque de Montès pour indiquer la période vraiment brillante comprise entre 1832 et 1845, c'est-à-dire jusqu'à l'entrée en scène du grand *Cucharès.*

Citons toutefois quelques toreros qui surent se faire remarquer à l'ombre de leur puissant rival : José de los Santos, Pedro Sanchez, Juan Pastor, Juan Yust, Juan Martin, don Raphaël Perez de Guzman...

Ce dernier, officier de cavalerie à Séville, appartenait à une des plus vieilles familles d'Andalousie. Ses ancêtres coururent le taureau sous la dynastie autrichienne, et lui-même donna bientôt sa démission pour se faire toréador de profession. Il fut assassiné à Madrid en 1838.

A la mort de Montès, toutes les faveurs du public se dirigèrent vers le jeune neveu de Curro-Guillen, le fameux Francisco *Arjona Cucharès.*

Nous allons tenter d'esquisser en quelques lignes, d'après des renseignements qui nous ont été fournis en Espagne même par des amis du célèbre toréador, quelques-uns des traits principaux de sa longue et brillante carrière.

Cucharès naquit à Madrid en 1800. Il mourut en 1868.

Les études classiques de Cucharès furent des plus brillantes.

Il travailla plusieurs années à l'école de Séville sous la direction des meilleurs professeurs. Aussi obtint-il un éclatant succès lorsqu'il débuta comme banderillero dans la cuadrilla de Juan Leon.

Son nom acquit en fort peu de temps une grande célébrité, et les spadas les plus connus cherchèrent à le faire entrer dans leurs troupes, aux conditions les plus avantageuses.

Mais Cucharès, qui avait conscience de sa valeur, se lassa bien vite du second rang, jeta ses banderilles et se présenta lui-même au public, son épée à la main, à la tête d'une cuadrilla admirablement composée.

Bientôt sa réputation égala celle de ses prédécesseurs les plus illustres.

Il arriva à une perfection de jeu incroyable, surtout dans le maniement de la muleta.

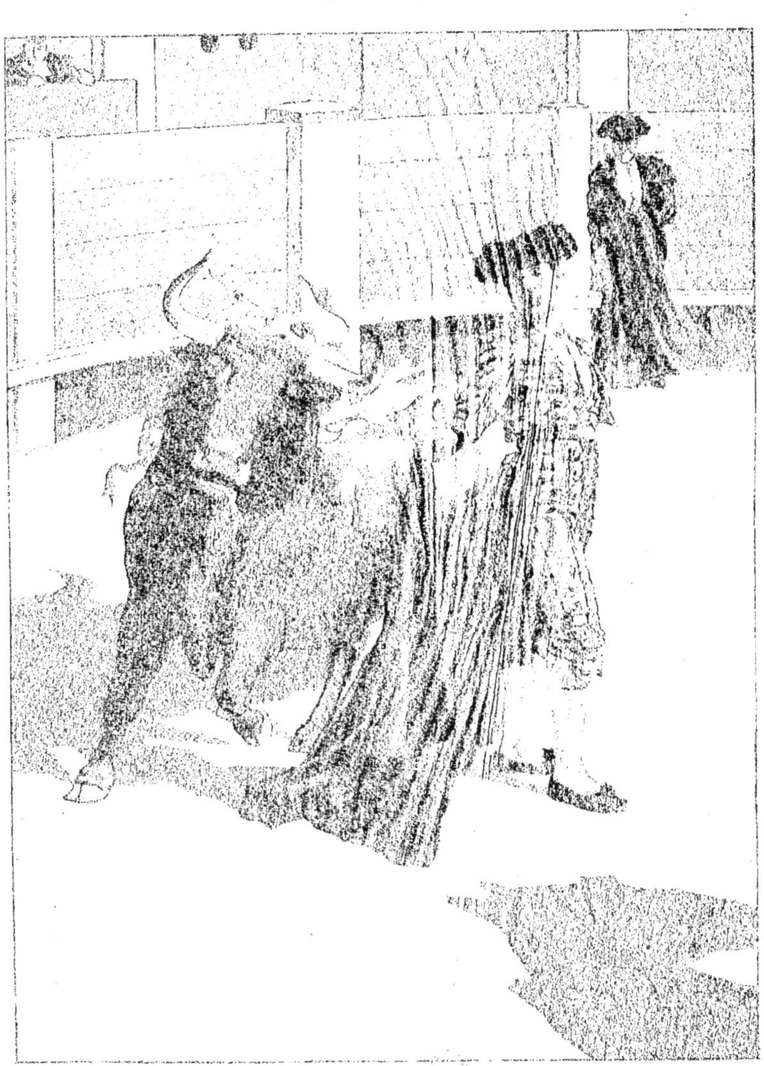

Imp. Charger et Lemas.

C[illegible].

[illegible] fut [illegible] torero remarquable de son [illegible] la faveur du peuple, [illegible] de Montès pour indiquer la [illegible] et 1845, c'est-à-dire jusqu'à [illegible]

[illegible] faire remarquer à l'ombre [illegible] Sanchez, Juan Pastor, Juan [illegible] de G[illegible]

[illegible] de [illegible] à Séville [illegible] appartenait à une des plus [illegible] sous la [illegible] bientôt sa démission pour se faire [illegible] à Madrid en 1828.

[illegible] la mort [illegible] les [illegible] du public se dirigèrent vers le neveu [illegible] Francisco *Arjona Cuchares*.

Nous allons [illegible] lignes, d'après des renseignements [illegible] même par [illegible] du [illegible] toréador [illegible] de sa longue [illegible] carrière.

[illegible] Madrid [illegible] 1818.

[illegible] études [illegible]ntes.

[illegible] école de Séville sous la direction des [illegible] un éclatant succès lorsqu'il débuta [illegible] la cuadrilla de Juan Leon.

[illegible] de temps une grande célébrité, et les spadas [illegible] le faire entrer dans leurs troupes, aux condi[illegible]

[illegible] conscience de sa valeur se [illegible] bien vite du [illegible] se présenta lui-même [illegible] public, son épée [illegible] cuadrille admirablement composée.

[illegible] la celle de ses prédécesseurs les plus illustres, [illegible] de [illegible] surtout dans [illegible]

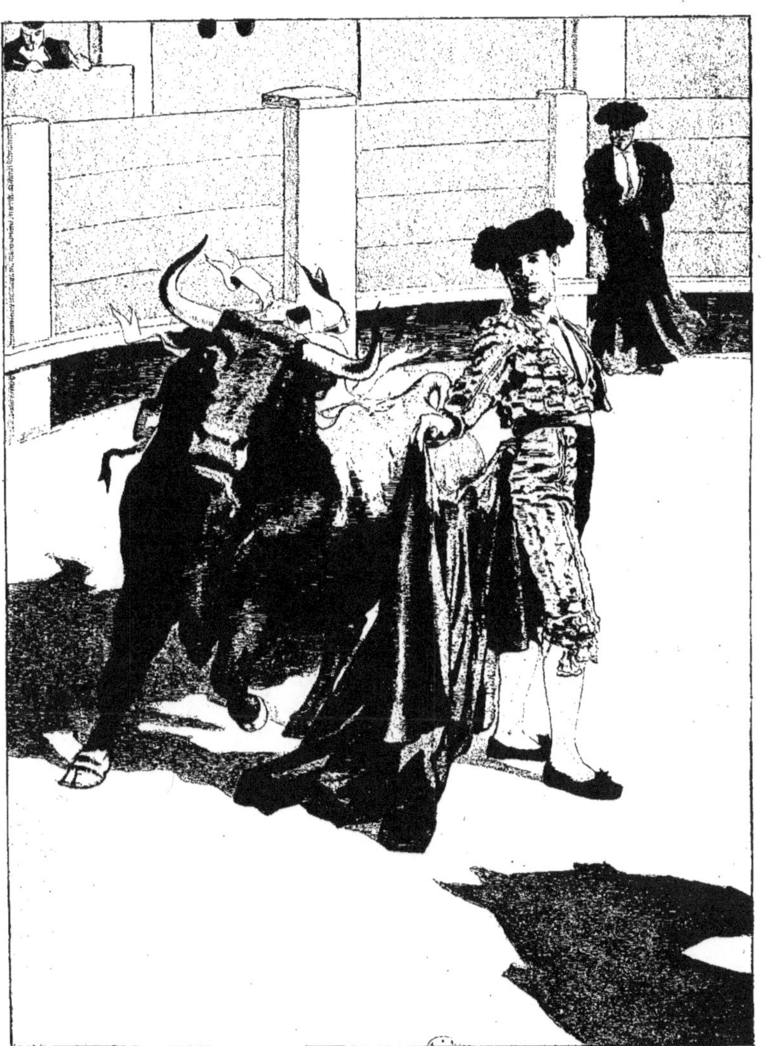

Chulo.

Imp. Draeger et Lesieur.

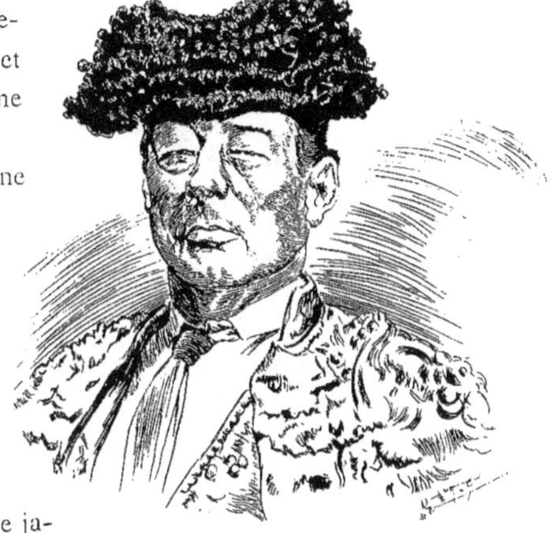

CUCHARÈS.

Son agilité était encore plus remarquable que celle de Montès, et malgré sa témérité proverbiale, il ne reçut jamais de blessure grave.

Il se montrait, paraît-il, d'une excessive sévérité à l'égard des toreros de sa cuadrilla, mais il était toujours charitable et tendre pour les malheureux auxquels il distribuait une bonne part des sommes fabuleuses que lui rapportaient son adresse et son courage.

On cite de ce brave spada des exemples de générosité à rendre jaloux saint Martin et saint Vincent de Paul.

Cucharès mourut en 1868 d'un accès de fièvre jaune, peu de jours après être débarqué à la Havane, où il s'était rendu sur l'invitation des Espagnols cubains désireux de l'admirer.

Les toreros qui cherchèrent à recueillir la glorieuse succession de Cucharès furent nombreux.

Citons parmi les plus populaires Manuel Diaz Labi, José Rodriguez, Manuel Trigo, Francisco Ezpeleta, Francisco de los Santos, José Redondo, plus connu sous le nom d'El Chiclano. Ce dernier fut un des meilleurs élèves de Montès, dont il était le compatriote. Il maniait également bien la capa, la banderille et la spada, et à certain moment il eut une vogue presque égale à celle de Cucharès.

* * *

A la mort de Cucharès et à la retraite de José Rodriguez succède une des plus remarquables périodes de l'histoire des courses de taureaux en Espagne.

La plupart des toréadors dont nous allons résumer la carrière brillante,

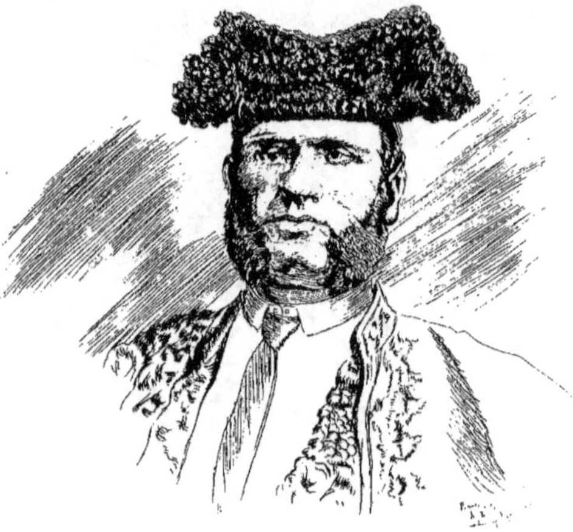
JOSÉ RODRIGUEZ (Pepete).

existent encore aujourd'hui, et plusieurs d'entre eux, comme *Manuel Dominguez*, *Lagartijo*, *Frascuelo*, *Cara Ancha*, *Guerrita*, *Mazzantini*, ont acquis une immense popularité.

En tête de la liste des toreros contemporains plaçons le vénérable et savant Antonio Luques (de Cordoue), qui, bien qu'ayant obtenu de grands succès dans de nombreuses courses, doit surtout sa réputation à ses excellents conseils. Bocanegra, Lagartijo, *Pepete*... et bien d'autres très connus, quoique moins populaires, furent ses élèves.

C'est en Andalousie, dans la jolie petite ville des orangers, à Gelvès, sur les bords du Guadalquivir, que naquit en 1816 le fameux *Manuel Dominguez*, dont la vagabonde existence ne devait être qu'une suite ininterrompue d'aventures plus extraordinaires les unes que les autres.

Nous ne pouvons résister à l'envie de citer les faits saillants de son étrange odyssée.

Il avait à peine trois ans lorsqu'il perdit son père, qui était un pauvre petit cultivateur. Un de ses oncles maternels, vieux curé de campagne et très charitable, le recueillit avec sa mère et se mit en devoir de lui donner une instruction qui pût bientôt lui permettre de gagner sa vie. Mais, hélas! le protecteur mourut au bout de quelques mois, et bientôt les deux abandonnés, après avoir épuisé les quelques ressources qu'il leur avait léguées se trouvèrent réduits à un état voisin de la misère. Ce fut alors que Manuel Dominguez entra comme simple ouvrier au service d'un chapelier. Bien qu'il gagnât fort peu d'argent en travaillant du matin au soir, et même très souvent pendant une partie de la nuit, il put cependant réussir à nourrir sa mère. Il sut même mettre assez d'ordre dans la direction de son modeste budget pour pouvoir trouver chaque dimanche, dans un des coins de sa veste, une pièce blanche qui lui permît de venir s'asseoir sur les premiers gradins de la plaza de toros.

Bientôt la tauromachie absorbait tellement toutes les pensées du *sombrererillo*, qu'il sollicita son entrée à l'école de Séville, toujours dirigée par le vieux Pedro Romero, et ce dernier découvrit de si brillantes dispositions chez son nouvel élève qu'il s'intéressa tout particulièrement à lui.

Sous une direction aussi habile et aussi paternelle, le jeune torero fit de rapides progrès et, peu d'années après son entrée à l'école, il parcourait déjà l'Andalousie et l'Estramadure, marchant de succès en succès, tantôt comme banderillero avec Antonio Ruiz, tantôt comme deuxième spada avec Luiz Rodriguez.

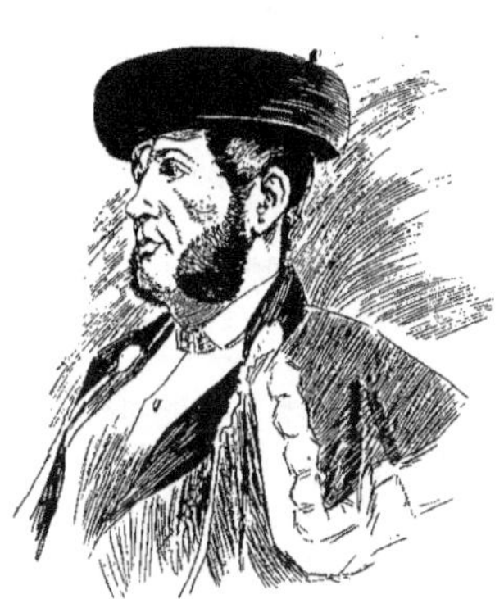
MANUEL DOMINGUEZ.

A la suite d'une violente discussion qu'il eut avec Juan Léon, et redoutant peut-être le caractère vindicatif de son célèbre rival, il partit pour l'Amérique du Sud. Il fut triomphalement reçu à Montevideo. Il s'y trouvait depuis quelques mois à peine, lorsque les éternelles rivalités de Fructuoso Riveira et d'Oribe mirent l'Uruguay à feu et à sang. Rodriguez prit les armes contre les *blanquillos*.

Nous le retrouvons à Rio-de-Janeiro en 1840, lors du couronnement de dom Pedro II. Il se distingua tellement aux quatre grandes courses qui furent données à l'occasion de l'avènement du jeune prince au trône, qu'il devint bientôt l'idole du public de Rio. Mais peu de temps après il fut, paraît-il, obligé de quitter précipitamment le Brésil à la suite d'une aventure amoureuse dont l'héroïne était la femme d'un grand dignitaire de la cour. Il se réfugia à Buenos-Ayres. Malheureusement, il n'y put obtenir la permission de courir et se vit bientôt réduit à exercer le métier de *vaquero* [1], afin de ne pas mourir de faim.

Il avait dissipé dans de folles prodigalités les monceaux de piastres et de reïs qu'il avait gagnés à Rio et dans la capitale de l'Uruguay.

Durant cette triste époque de sa vie, une expédition fut organisée par le gouvernement argentin contre les Indiens dont les incursions sur le territoire de la République devenaient de plus en plus audacieuses.

Jugeant l'occasion favorable pour abandonner ses humiliantes fonctions, Manuel Dominguez sollicita, et obtint, grâce à la réputation d'intrépidité qui le précédait partout, l'autorisation de commander une troupe contre les Indiens.

Au retour de cette expédition qu'il conduisit avec la plus grande habileté et dans laquelle il reçut une légère blessure, le gouvernement le félicita vivement et lui offrit même d'entrer comme officier dans l'armée régulière; mais il refusa, car désormais son unique ambition était de revenir en Espagne et d'égaler Cucharès, dont la renommée s'étendait jusque dans l'Amérique du Sud.

En 1854, il se faisait applaudir à Séville, à Madrid, à Bayonne, à Nîmes.

A son passage à Lisbonne, l'idée lui vint d'exercer en public l'habileté qu'il avait acquise à lancer le lazzo lorsque, misérable vaquero, il galopait dans les pampas, à la poursuite des taureaux sauvages. Son succès fut complet et le peuple portugais, instinctivement hostile aux combats sanglants, lui fit une superbe ovation.

Les toreros espagnols furent effrayés de cette soudaine popularité. Ils craignirent un moment que le nouveau genre de courses inauguré à Lisbonne par Dominguez ne portât un coup mortel à l'art tauromachique et que le vulgaire lazzo ne remplaçât bientôt la noble *spada*.

Mais il n'en fut rien fort heureusement, et la grave école de Séville n'avait pas eu le temps de rédiger une formule d'excommunication contre le terrible irrégulier, qu'il avait abandonné pour toujours son lazzo révolutionnaire et qu'il

1. Dompteur de taureaux sauvages.

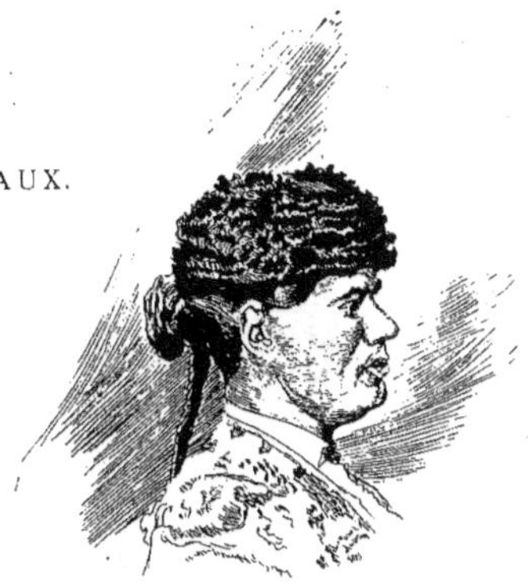
ANTONIO CARMONA (el Gordito).

tombait dans l'arène de Santa-Maria, l'œil crevé d'un coup de corne et sa spada à la main.

Bien que borgne, Manuel Dominguez reparaissait bientôt en scène. Mais, après quelques courses où il fut toujours très vivement applaudi, il crut devoir abandonner définitivement sa cuadrilla. Des douleurs articulaires qu'il avait recueillies pendant sa vie de misère dans les pampas, rendaient ses mouvements très difficiles.

Manuel Dominguez était d'une vigueur prodigieuse et d'une incomparable audace. Son estocade était presque toujours mortelle, et la violence du coup porté était telle qu'il fallait faire de grands efforts pour retirer l'arme de la blessure. Il se servait rarement de sa muleta pour exciter et fatiguer le taureau. D'après lui, les exercices des picadors, des chulos, des banderilleros, ne constituaient qu'une inutile mise en scène, propre à amoindrir le rôle du spada en l'obligeant à attaquer un adversaire dont les forces étaient affaiblies.

Un des rivaux les plus illustres de Manuel Dominguez fut Julian Caras, qui appartenait à une excellente famille bourgeoise. Il naquit à Bejar en 1818. En 1840 il quittait brusquement l'Université de Salamanque pour s'engager, malgré les supplications de sa famille, dans la cuadrilla de José Santos. Quatre ans après, Cucharès l'admettait dans sa troupe en qualité de *demi-spada*, et en 1850, après avoir, sur les conseils de Labi, modifié son jeu un peu trop réfractaire aux préceptes de l'école, il devint lui-même chef de cuadrilla et obtint de nombreux succès.

Citons les trois frères Carmona, José, Manuel et *Antonio*. Ce dernier, le plus célèbre des trois, est plus connu sous le sobriquet d'*el Gordito* (le Gros). Il doit ce surnom à une obésité précoce, qui d'ailleurs ne nuit en rien à son agilité naturelle.

Antonio Carmona eut un rival très sérieux dans Antonio Sanchez (el Tato).

L'antagonisme de ces deux spadas prit même à un certain moment un tel caractère de violence qu'en 1868 une émeute, provoquée par les partisans des

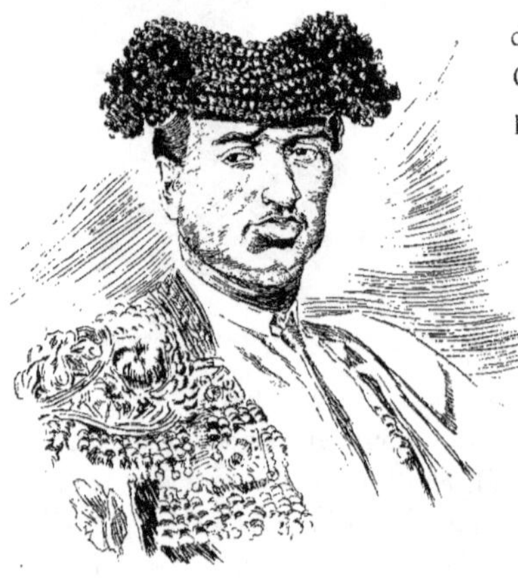
LAGARTIJO.

deux adversaires, éclata dans l'arène de Cadix. On dut avoir recours à la troupe pour calmer l'effervescence des partis.

Manuel Fuentès (Bocanegra) naquit à Cordoue en 1837, et avant de diriger lui-même une cuadrilla se distingua comme banderillero et comme spada sous les ordres de Pepete et de Manuel Dominguez.

Rafaël Molina y Sanchez (*Lagartijo*) et Salvador Sanchez (*Frascuelo*) sont sans contredit les deux spadas les plus populaires en ce moment en Espagne. L'un et l'autre ont leurs partisans fanatiques.

Jusqu'à ce jour l'attitude des deux camps n'a pas encore motivé une intervention de la force armée comme celle que provoqua l'échauffourée de Cadix. Espérons qu'il en sera toujours de même et que les admirateurs fanatiques du spada de Cordoue (Frascuelo) aussi bien que ceux du torero madrilène (Lagartijo) se contenteront de pacifiques discussions sur la terrasse du café de Paris et de courtoises polémiques dans les colonnes de l'*Arte de la lidia*.

***

Nous avons cru devoir clore ce rapide résumé historique en mettant sous les yeux du lecteur les noms des principaux taureaux qui ont été courus depuis le commencement du siècle. Dans ces combats héroïques l'homme n'est pas toujours vainqueur, et lors même qu'il a par son intrépidité et son adresse triomphé de son terrible adversaire, ce dernier mérite qu'on se souvienne du courage avec lequel il a lutté jusqu'à la mort et qu'on ne jette pas dédaigneusement son nom à l'oubli.

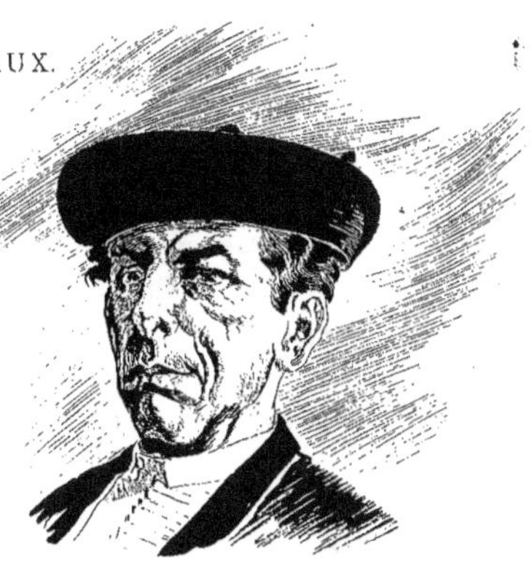
FRASCUELO.

BARBADO. — Ce taureau appartenait à la *ganaderia* (parc d'élevage) de don José Rodriguez de Penaranda. En 1801 (le 11 mai) il tua dans l'arène de Madrid le toréador José Delgado ou Hillo.

BARRABAS. — De la ganaderia de don Joaquin de la Concha y Siera. Il fut combattu par Manuel Dominguez à Santa-Maria le 1er juin 1857 et creva l'œil du célèbre spada.

BARRIGOS. — Ce fut le premier taureau que tua Lagartijo. Il appartenait à la ganaderia de don Gala Ortiz de San Augustin.

BRAGOELO. — Animal superbe d'une robe châtain clair. Ce fut lui qui blessa mortellement le torero Panchos à Hinojora le 28 août 1843.

CACHUCHO. — De la ganaderia du duc de Veragua, une des meilleures de toute l'Espagne. Cachucho blessa le 20 août 1874 à Madrid le torero Manuel Hermosilla-Sonera.

CANDILGO. — De la ganaderia de don Leandro Rosalem du Colmenar-Viejo. Ce fut le premier taureau que tua Juan Léon (8 juillet 1816).

CANTANERO. — Cet animal était d'une force, d'une agilité et d'un courage extraordinaires. Le 26 juillet 1871 il courut dans la place de Puerto Santa-Maria, où il tua neuf chevaux et en blessa onze, après avoir reçu de son côté trente-deux coups de varas. Il était si couvert de sang qu'on ne voyait plus sa robe. Le public demanda sa grâce et l'obtint.

Cantanero appartenait à la ganaderia de don Vicente Thomero.

CARAMELO. — Cet animal, qui appartenait à don Manuel Suarez de Coio, lutta tour à tour contre un lion et un tigre et les vainquit tous les deux (15 avril 1849). Ces combats de taureaux contre des animaux féroces sont assez fréquents en Espagne. Pendant un voyage que nous fîmes en 1881 aux îles Baléares, nous avons assisté à un duel de ce genre. Le terrain de lutte était l'arène de Palma, ou plutôt une immense cage de fer placée au centre de l'arène et dans laquelle on avait fait entrer un lion. Un promenoir grillagé unissait la cage à l'entrée du toril. A un signal donné par le président des courses, le taureau traversa au trot le chemin de jonction et se présenta tête haute devant le lion. Celui-ci lui sauta soudainement à la gorge, en poussant un rugissement terrible, et le fit fléchir sur ses genoux. Mais presque aussitôt il lâcha prise et, avant qu'il eût eu le temps de renouveler son attaque, le taureau, revenu de sa surprise, soulevait son adversaire sur ses cornes et le broyait à coups de tête contre les barreaux de fer. Il ne tarda pas à en faire une loque saignante d'où sortaient des miaulements douloureux et plaintifs.

Je n'ai jamais vu un délire de joie pareil à celui qui s'empara alors de la foule : *Viva el toro español ! Al fuego el leon del carton !* Et les plus grosses railleries, accompagnées de bouteilles de limonade vides, de pleuvoir sur la tête du propriétaire du malheureux lion, qui n'était autre, si j'ai bonne mémoire, que le fameux colonel Boone, bien connu du public des Folies-Bergère. Vainement il s'efforça, à l'aide d'une tige aiguë, d'exciter le pauvre félin aplati contre la muraille de fer et déjà à moitié mort.

Faut-il conclure, après les exploits de Caramelo et le combat de Palma, que le lion ne peut se mesurer avec avantage contre le taureau de courses ?

Tel n'est pas notre avis. Nous sommes convaincu que, dans une lutte de ce genre, un taureau, quelles que soient ses qualités de combat, doit toujours succomber, si son adversaire a assez d'espace pour utiliser sa formidable agilité, et s'il n'appartient pas, comme tous ceux qui ont été exhibés jusqu'ici dans les arènes d'Espagne, à des débris rachitiques d'une ménagerie en ruine.

CENTINELA. — Le 2 octobre 1880, à Taragona de Aragon, ce taureau blessa mortellement le banderillero Rafaël Archino.

ESTORMINO. — Ce fut le premier taureau que tua el Tato (31 septembre 1853). Il appartenait à José Picavia de Lescaca.

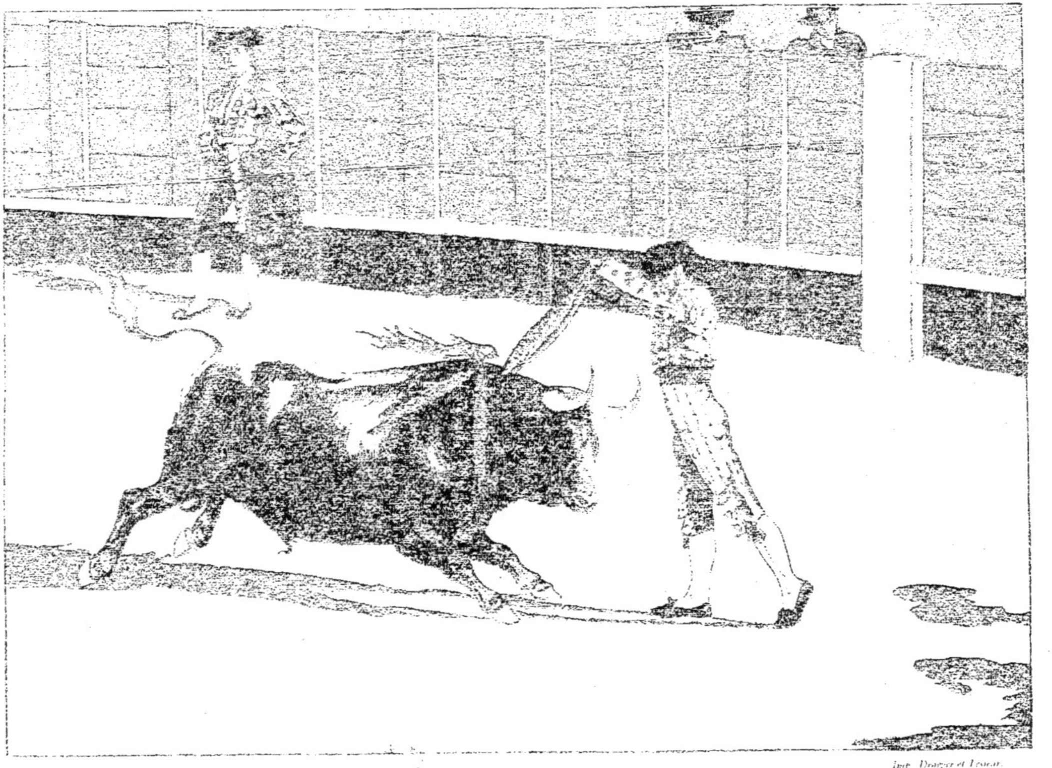

Imp. Drager et Lemer.

Banderillero.

[illegible] en 18[illegible] [illegible] terrain de [illegible] était [illegible] centre de l'arène [illegible] village [illegible] la [illegible] [illegible] le tau-[illegible] [illegible] haute [illegible] ant le [illegible] ment [illegible] saignante d'où [illegible] eureux et plaintes [illegible]

[illegible] de joie pareil à celui [illegible] alors de la [illegible] ! *Al fuego el leon del carton!* [illegible] plus grosses [illegible] de bouteilles de limonade vides [illegible] sur la tête [illegible] malheureux lion, par un autre, si j'ai bonne mémoire, que [illegible] Boone, bien connu du public des Folies-Bergère [illegible] à l'aide d'une tige aiguë, de [illegible] le pauvre félin aplati contre [illegible] et déjà à moitié mort.

[illegible] après les exploits de Caramelo et le combat de Palma, que [illegible] avec avantage contre le taureau de courses ?

[illegible] Nous sommes convaincus [illegible] dans une lutte de [illegible] taureau [illegible] toujours [illegible] si son adversaire [illegible] agi-[illegible] appartient pas [illegible] jusqu'ici de [illegible] Espagne, à des [illegible] en ruine [illegible]

[illegible] Le 2[illegible] Zaragoza de Ara[illegible] taureau [illegible] le [illegible]

ESTORMINO [illegible] premier taureau que tua [illegible] 1853). Il appartenait à [illegible] de Lesaca [illegible]

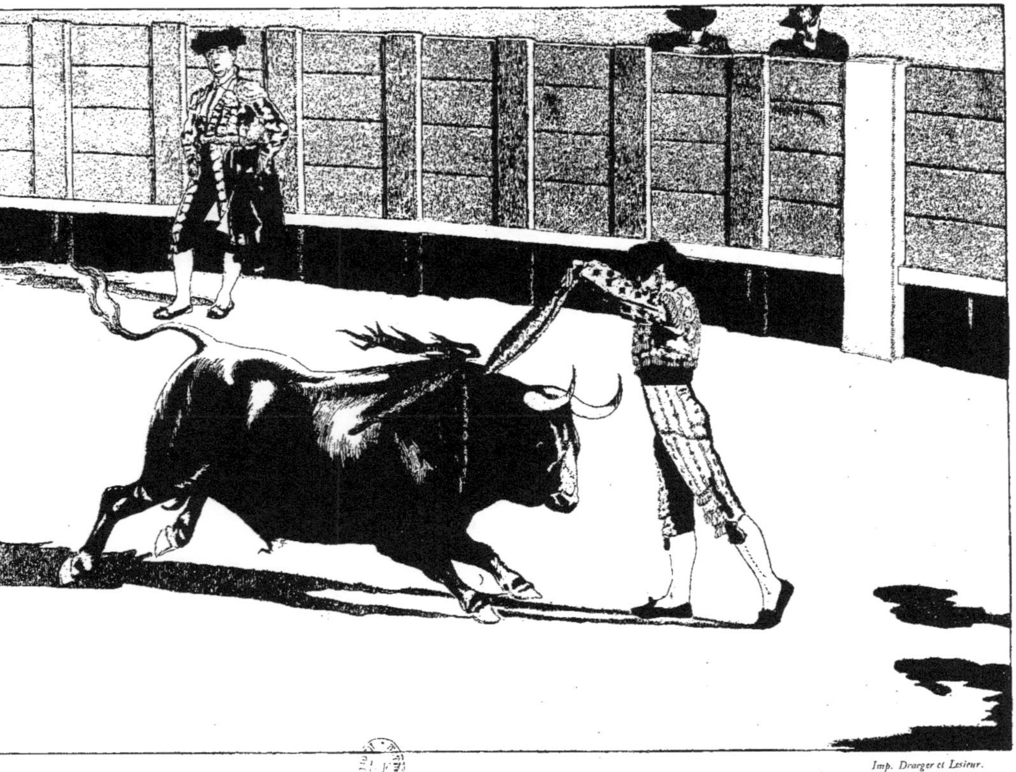

Imp. Draeger et Lesieur.

Banderillero.

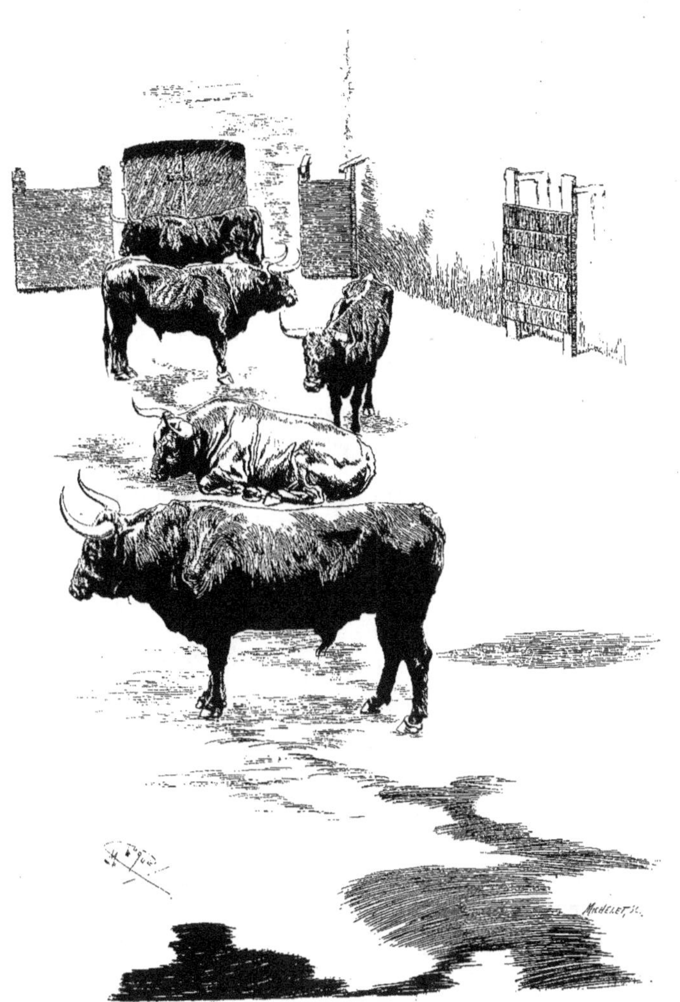

LE TORIL.

GARABATA. — Cet animal, un des plus beaux qui aient été courus en Espagne, lutta le 25 mars 1865 à Madrid contre un éléphant. Il attaqua six fois son adversaire, mais sans pouvoir réussir à le blesser. Il appartenait à la ganaderia de don Andrès Fontcilla.

GIRON. — Le 10 juin 1870 il blessa mortellement AUGUSTIN PERRERA et réussit, grâce à son agilité, à franchir le chemin de refuge. Il fut tué à coups de sabre par la garde civile.

GORCHITO. — Ce terrible animal tua dix chevaux et reçut plus de trente coups de varas avant d'être mis à mort.

GUINADALETO. — Le 15 avril 1875 il blessa trois fois FRASCUELO. Il appartenait à la ganaderia de don José Antonio Adalid.

TOCINERO. — C'est par cet animal, un des plus célèbres des annales tauromachiques, que fut tué à Madrid, le 15 avril 1802, le spada JOSÉ RODRIGUEZ PEPETE.

LIBERTADO. — Ce taureau faisait partie de la célèbre ganaderia de don Vicente Romero. Le 22 octobre 1864, dans l'arène de Cordoue, il reçut trente-six coups de varas et tua huit chevaux. Le public demanda et obtint sa grâce.

MARIOMENO. — En 1864, dans l'après-midi du 24 mai, ce taureau reçut, *sans retourner la tête,* cinquante et un coups de varas et tua six chevaux. Après sa mort, sa tête fut promenée dans l'arène aux sons de la musique et aux applaudissements du peuple.

PARILLERO. — Dans une course qui eut lieu à Séville le 20 avril 1873, cet animal reçut trente-neuf coups de varas, tua huit chevaux et en blessa quatre.

Le 12 juin 1852 le taureau le plus redoutable de la célèbre ganaderia du duc de Veragua, *Pavito,* blessait mortellement, dans l'arène de Madrid, le spada MANUEL XIMENEZ.

PEREGRINO. — Cette bête, dans une course qui eut lieu à Madrid le

7 juin 1869, blessait si grièvement à la jambe ANTONIO SANCHEZ (el Tato), que l'amputation du membre fut jugée nécessaire.

SEVILLANO. — Cet animal blessa deux fois LAGARTIJO à Madrid le 20 octobre 1867.

TRESPICOS. — Une des plus redoutables bêtes qui aient été courues dans la place de Séville. Le 15 juin 1846 elle mettait hors de combat neuf picadors, un banderillero et dix chevaux. Le peuple lui fit grâce de la vie.

VALENCIANO. — Nous avons été témoin des exploits encore tout récents de cette superbe et terrible bête; aussi nous proposons-nous d'en entretenir le lecteur à la fin de cet ouvrage.

Parmi les taureaux dont les qualités belliqueuses ont illustré les courses de ce siècle, citons encore : Estornino, Pancoso, Chocero, Simeon, Llavero, Miranda, Sobretodos, Trompetero, Zalamero.

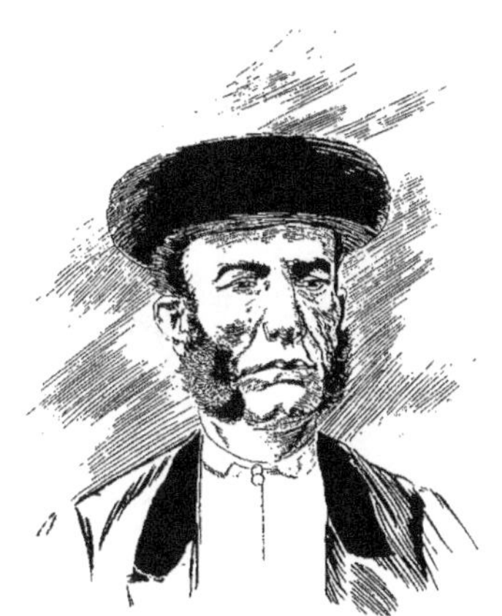

MANUEL CALDERON (picador).

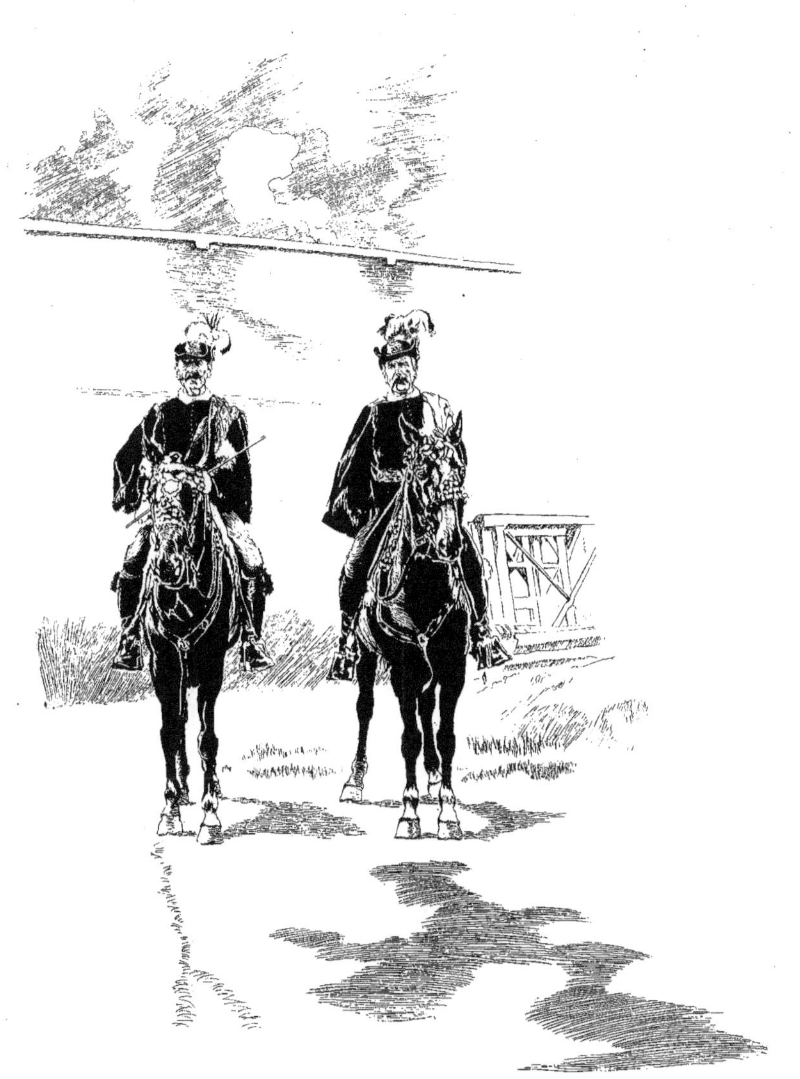

LES ALGUAZILS.

II

PARTIE TECHNIQUE

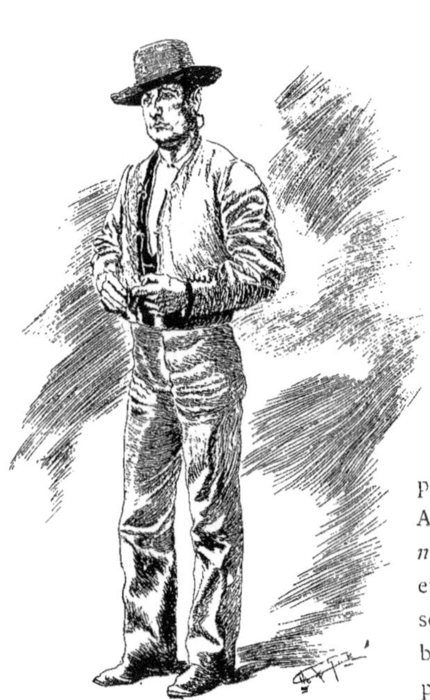

LES TOREROS MODERNES.

LEUR ESCRIME.

Qu'est devenue l'époque où le gentilhomme castillan, après avoir abandonné à regret les *plazas de toros*, accablait de son mépris le toréador populaire qui osait lui succéder dans l'arène et qui s'abaissait jusqu'à se faire payer en argent le prix de ses exploits? Aujourd'hui, les plus distingués des *aficionados* appartiennent au *high life* espagnol, et les jeunes gens du monde recherchent la société du torero à la mode. Ajoutons que bien des grandes dames ne la dédaignent pas.

De nos jours, le torero célèbre est traité par le public en véritable enfant gâté et on le considère volontiers comme le type du parfait Castillan, car il est généralement beau, toujours bien fait, élégant, chevaleresque et brave.

Le costume qu'il porte à la ville ne manque pas de coquetterie dans sa simplicité voulue, qui forme un curieux contraste avec l'ornementation éclatante de celui des jours de fête.

Il se compose d'un pantalon collant et montant haut, d'une courte veste sans basques, d'un gilet très échancré. La taille est étroitement serrée dans une large ceinture de soie aux vives couleurs. La chemise, toujours d'une blancheur de neige, est ornée de gros boutons d'or ou de diamant. Il porte un chapeau de feutre gris à larges bords plats, crânement posé sur la tête dont la chevelure est soigneusement rasée, à l'exception toutefois d'une mèche longue et mince qui pend sur le cou sous forme de tresse.

Picadors, chulos, banderilleros, spadas portent le même costume de ville.

A part le picador, dont le visage est presque toujours encadré de favoris épais et courts, les toreros se rasent avec le plus grand soin, ce qui donne à leur physionomie une grande analogie avec celle de l'acteur et du prêtre.

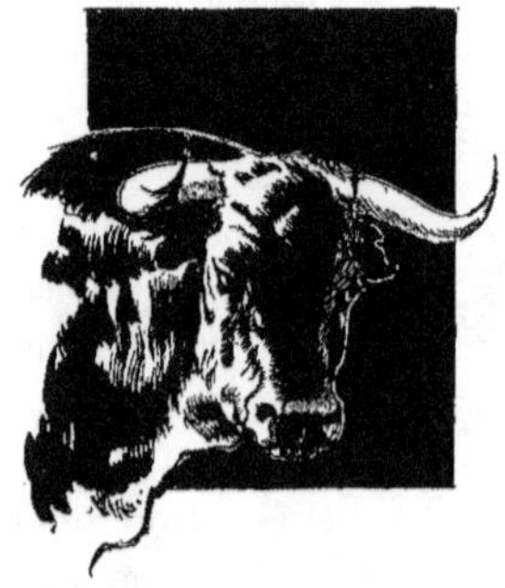

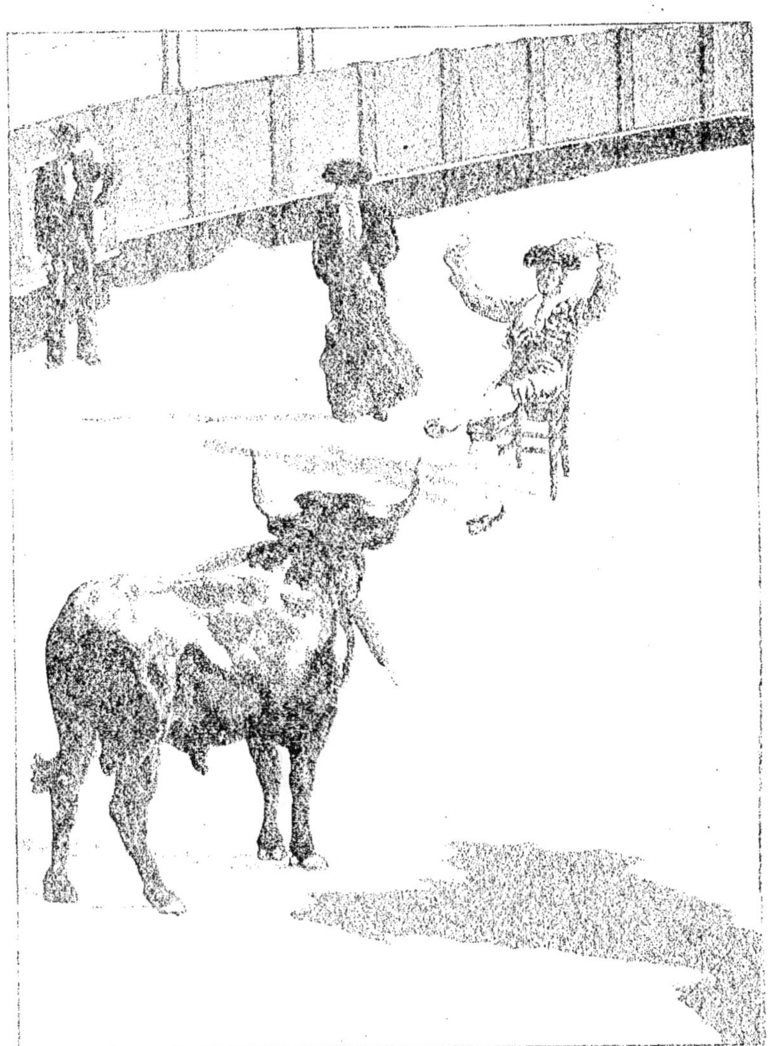

[illegible]

Banderillas de silla.

[illegible] traité par le public en véritable [illegible] comme le type du parfait Castillan. [illegible] bien fait, élégant, chevaleresque et

[illegible] ne manque pas de coquetterie dans sa [illegible] contraste avec l'ornementation écla-

[illegible] et montant haut d'une courte veste [illegible] La taille est étroitement serrée dans [illegible] de [illegible] couleurs. La chemise, toujours d'une [illegible] de gros boutons d'or ou de diamant. Il porte [illegible] plats, crânement posé sur la tête [illegible] l'exception toutefois d'une [illegible] pend sur le cou [illegible] de tresse.

[illegible] banderilleros, spadas portent le même costume de ville. [illegible], dont le visage est presque toujours encadré de favoris [illegible] se rasent [illegible] qui donne à leur [illegible] analogie [illegible] prêtre.

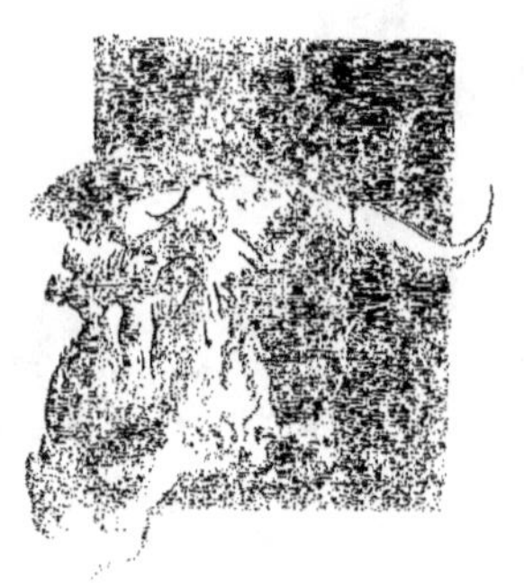

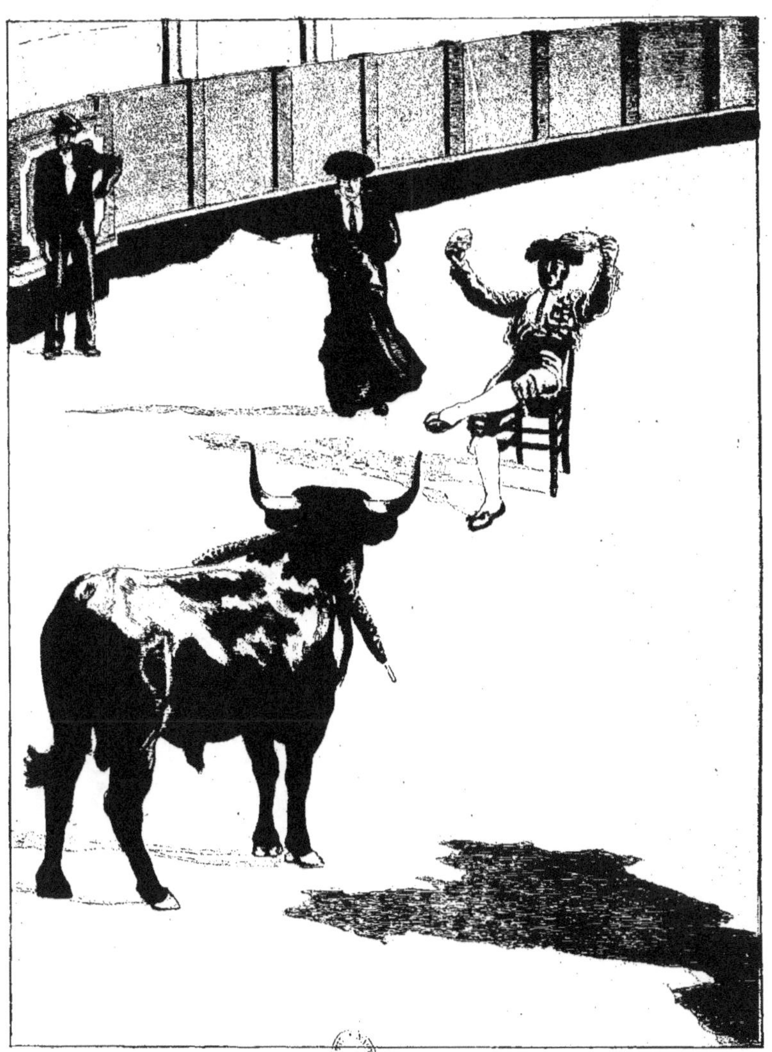

Imp. Draeger et Lesieur.

Banderillas de silla.

LE PICADOR

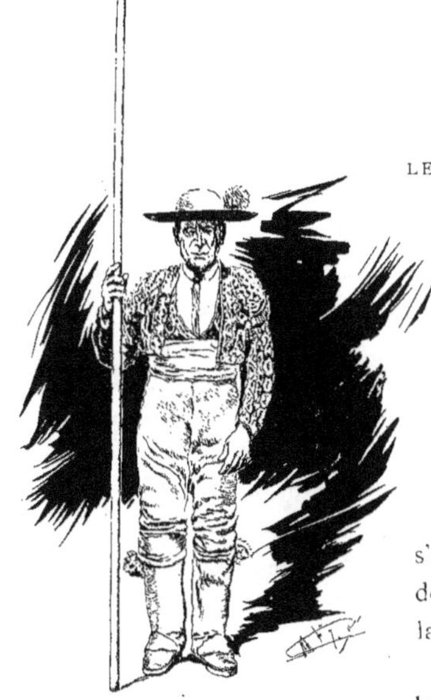

C'est le picador (torero à cheval) qui reçoit le premier choc. Monté sur une misérable haridelle qui peut à peine supporter le poids, d'ailleurs très considérable, du cavalier, il attend l'attaque et s'avance même, s'il le faut, à la rencontre de son terrible adversaire, au trot chancelant de sa monture.

Il est armé d'une longue et lourde lance (la *vara*), dont le fer très court ne peut occasionner à l'animal que de légères blessures. Le jeu du picador consiste à irriter le taureau, en l'aiguillonnant, et à le harceler, autant que peut le permettre la difficulté avec laquelle le malheureux cheval se transporte d'un point de la piste à un autre.

Il n'est pas libre de piquer l'animal où bon lui semble, mais seulement dans le voisinage de la nuque et entre les deux épaules. Le spada qui dirige la course le force à quitter l'arène et lui inflige une amende, si, par un coup maladroit, il déchire la peau de la bête.

S'il est démonté dès le début du combat, il peut demander un autre cheval et se remettre en selle. J'ai vu le même picador avoir quatre chevaux tués sous lui dans une même course. A peine un cavalier est-il à terre qu'un autre cavalier doit se présenter devant le taureau en s'efforçant toujours de l'avoir à sa droite. Il est bien rare que les picadors quittent l'arène avant que tous les chevaux désignés pour prendre part à la course n'aient été *décousus*.

Plus le taureau est redoutable et plus on l'oblige, afin de le fatiguer davantage, à charger de cavaliers et à éventrer de chevaux, malheureuses bêtes hors de service et dont la plupart du temps la peau, usée par la misère et les coups, n'est même pas utilisable.

Il en consomme parfois un si grand nombre, sans manifester la moindre lassitude, que le directeur de la course, afin d'éviter sans doute le complet épuisement de ses lamentables écuries, fait remettre sur pieds ceux dont les convulsions lui paraissent encore assez énergiques, et bientôt on voit caracoler de nouveau devant la mort ces revenants presque vides de sang et dont un valet de cirque a grossièrement recousu, en deux coups d'aiguille, le ventre d'où pendillaient les entrailles ballonnées et sanglantes.

Ils ne se maintiennent pas toujours assez de temps sur leurs jambes pour servir encore une fois de cible aux coups de corne du taureau et alors on les voit osciller un moment, puis s'écrouler misérablement, entraînant dans leur chute finale leurs pesants cavaliers occupés à se remettre en selle.

Le picador doit savoir tomber. Presque toujours il est démonté, mais il lui arrive rarement malheur, car à peine est-il étendu sous son cheval, dont il se sert comme d'un bouclier, que les *capeadores* accourent pour distraire le taureau et l'attirer vers un autre cavalier qui l'attend la lance en l'arrêt et à l'égard duquel ils agiront bientôt de la même manière.

Le picador doit être très vigoureux et solide à cheval.

Son costume diffère sensiblement de celui des autres toreros.

Il se compose d'une courte veste de velours soutachée de galons d'or, d'argent ou de soie. Une échancrure assez large pratiquée sous chaque aisselle donne au bras toute la liberté dont il a besoin pour le maniement de la lourde *vara*. Les cuisses sont étroitement prises dans une épaisse culotte de peau de buffle, et la partie inférieure des jambes est garantie contre les coups de tête du taureau par des molletières de fer. Ces armures indispensables sont cachées par des guêtres toujours si bien ajustées qu'elles semblent faire corps avec la culotte à laquelle elles sont reliées par d'énormes jarretières garnies de glands à pampilles.

La partie supérieure de la culotte, qui est très montante, disparaît sous les tours répétés d'une ceinture de couleur qui presse étroitement la taille. Une longue cravate de soie, formant nœud coulant, part du col rabattu de la chemise pour venir se perdre sous la ceinture où elle est fixée. Les souliers sont à triples semelles et armés d'éperons longs et tranchants comme ceux des cavaliers arabes. Le chapeau (*castoreño*) est un feutre gris à larges bords légèrement relevés. Il est presque toujours orné de pompons en laine rouge.

La couleur dominante du costume du picador est le jaune.

LE CAPÉADOR

N'ayant d'autre arme qu'un long manteau de couleur éclatante qu'ils agitent de la main droite devant le taureau afin de l'irriter et de le fatiguer en même temps, les capéadors ou chulos font leur entrée en scène aussitôt que les picadors ont été chargés par l'animal. Ils demeurent dans l'arène jusqu'à l'arrivée du spada, toujours prêts à protéger les picadors ou les banderilleros sérieusement menacés par le taureau, en opérant une habile diversion dans la poursuite de la bête.

Aussitôt que la fanfare a sonné la mort, ils gagnent le chemin de refuge; mais au moindre appel du spada ou quand une chute ou une blessure mettent ses jours en danger, ils bondissent de nouveau dans l'arène, s'élançant à la tête du taureau, leur capa à la main, et détournant contre eux-mêmes la fureur de l'animal. Le rôle du capéador est, comme on le voit, essentiellement protecteur.

Toutefois, après la retraite des picadors et jusqu'à l'apparition des banderilleros, ils demeurent seuls dans le cirque et s'y livrent, autour du taureau, à une série de pirouettes et de bonds prodigieux, coiffant tantôt la bête affolée et excitant sa rage jusqu'au paroxysme, tantôt faisant passer brusquement devant ses gros yeux ahuris et sanglants l'éclair empourpré de leurs voiles.

Les plus habiles bondissent au-devant de la bête et, quand la corne les effleure, s'enroulent par un mouvement brusque dans leurs manteaux largement déployés en exécutant une légère pirouette qui les met à l'abri du choc. Cet exercice, des plus applaudis, mais aussi des plus périlleux, est connu en Espagne sous le nom de *suerte de la veronica* (le coup de la véronique).

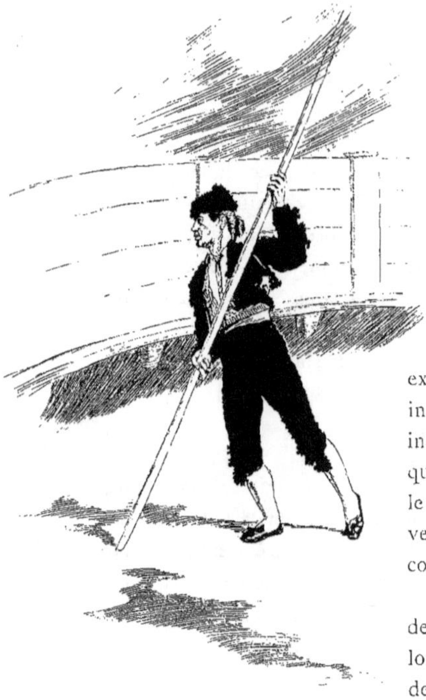

D'après ce qui précède, on conçoit facilement que le capéador doit être d'une extrême agilité, car la nature de ses exercices le désigne à la poursuite presque incessante du taureau. Il doit aussi être inaccessible à toute distraction, lors même qu'il se trouve en contact avec le public dans le chemin de refuge, car sa soudaine intervention peut souvent par son opportunité conjurer de grands malheurs.

De plus, il lui est expressément défendu de provoquer chez le taureau, dont la colonne vertébrale n'a pas la flexibilité de celle des félins, de brusques volte-face capables de rendre l'animal impropre à la course et même de le tuer raide.

SAUT DE LA PERCHE.
(Salto de la garrocha.)

Le capéador ne doit jamais toucher le taureau de la main, à moins d'y être contraint par les circonstances comme dans cette course tragique où Curro-Guillen, la poitrine crevée d'un coup de corne, était promené à travers l'arène sur la tête du taureau dont il serrait la gorge de ses mains crispées. Les capéadors ne réussirent à arrêter la course triomphale de la terrible bête qu'en se suspendant par grappes à ses oreilles, à ses cornes et à sa queue, comme des chiens de meute.

Le costume du chulo est le même que celui du banderillero et du spada. Le large chapeau à la mexicaine et le grotesque tricorne *à la polichinela* du commencement du siècle, si popularisés par les aquatintes de Goya, ont été remplacés par une gracieuse petite toque de velours noir garnie de chenille. La veste de satin ne diffère de celle des picadors que par l'absence d'échancrures aux aisselles. La culotte et le gilet, de la même étoffe que la veste, sont aussi richement soutachés qu'elle. Des bas de soie blancs brodés d'or ou d'argent, et de légers escarpins sans talons, ornés de nœuds de rubans noirs, complètent cet élégant costume.

LE BANDERILLERO

Les banderilleros ne peuvent entrer dans l'arène que sur un signal du directeur des courses. Ils tiennent dans chaque main un dard barbelé garni de bandes de papier colorié (*banderilla*).

Leur rôle consiste à stimuler la rage du taureau en lui enfonçant leurs banderilles dans la chair. Après le spada, le banderillero est le torero dont les exercices sont les plus dangereux.

Il doit posséder le coup d'œil infaillible du spada et la prodigieuse agilité du capéador.

Les façons de poser les banderilles, *las suertes de poner las banderillas,* d'après les principes de l'art tauromachique sont nombreuses. Citons les plus usitées en commençant par : *el modo de ponerlas al cuarto.*

Le torero attend que la bête soit complètement immobile pour agir. Il s'éloigne alors en courant afin se donner du champ, puis revient brusquement sur ses pas et s'élance vers le taureau, toujours en lui faisant face.

Arrivé à quelques mètres de l'animal, il décrit dans sa course un léger crochet qui le ramène sous les cornes, et avant que le taureau ait songé à l'attaque, tellement a été rapide la manœuvre de son adversaire, les crochets des banderilles ont disparu dans les deux épaules.

La *suerte parear a topa carnero* est moins usitée; et cela sans doute parce que cette manière d'enfoncer les banderilles présente plus de danger.

Le torero doit aussi attendre que le taureau ait repris son immobilité ; mais au lieu de s'élancer vers lui et de le surprendre par une brusque attaque, il l'appelle, l'invite au combat, en un mot éveille sa défiance. Campé à quelques mètres de l'animal, le corps droit, la tête légèrement rejetée en arrière, les bras écartés et les coudes en dehors, il choque doucement ses banderilles l'une contre l'autre, sans perdre un seul instant de vue le taureau dont l'attaque est quelquefois si inattendue que les toreros les plus expérimentés ne peuvent l'éviter.

Aussitôt chargé par la bête, le banderillero bondit légèrement, tout en faisant un écart presque imperceptible, et passant ses deux bras entre les cornes abaissées du taureau, lui plonge ses dards aigus dans les épaules. Pendant que le taureau blessé bondit dans l'arène avec des soubresauts de douleur et de rage, le torero doit demeurer immobile et juger son coup de l'endroit même où il a enfoncé ses banderilles.

La *suerte de parear al relance* est fort en usage. Elle offre d'ailleurs de bien moins grandes difficultés que les deux manières que nous venons de mentionner.

Le torero qui l'emploie profite du moment où la bête poursuit un chulo qui l'agace, ou un banderillero qui vient de la piquer, pour s'élancer à sa poursuite et lui accrocher ses banderilles aussitôt qu'elle se retourne de son côté.

C'est une façon de surprise encore bien moins dangereuse qu'*el modo d'el poner a cuarto,* car dans sa brusque volte-face, l'animal ne fait qu'entrevoir le torero qui, depuis déjà longtemps, courait à ses côtés, guettant le moment favorable pour agir.

Le mode le plus périlleux, mais aussi le plus applaudi, est celui qui consiste à aller au-devant du taureau et à placer les banderilles de façon qu'il s'enferre de lui-même lorsqu'il relève la tête pour frapper.

Peu de toreros pratiquent ce jeu qui nécessite un sang-froid et une précision de mouvement extraordinaires.

Cette façon de poser les banderilles s'appelle, dans l'intraduisible idiome tauromachique, *la suerte de banderillas al recorte.*

Citons encore *las suertes de plantar banderillas a la media vuelta, et de silla.*

La première se rapproche de la *suerte de plantar al relance*. Le torero provoque un brusque retour de l'animal en l'agaçant par derrière et lui attache aussitôt ses banderilles aux épaules.

Quant à la seconde, elle se distingue par un côté pittoresque et comique qui plaît au public. Aussi le banderillero qui la pratique avec succès arrive-t-il très vite à se faire un nom.

Assis sur une chaise au milieu de l'arène, il attend l'attaque du taureau que chulos et banderilleros ont cessé de distraire. A l'approche de l'animal qui arrive tête baissée, il se lève vivement et pose ses banderilles, tout en faisant un léger écart. La bête furieuse cogne violemment la chaise. Il est rare que ses cornes ne demeurent pas engagées dans le siège de paille (*la silla*). Ahurie par cet étrange fardeau, elle se livre alors autour de la piste à des bonds insensés et à de grotesques cabrioles qui réjouissent fort les spectateurs.

Lorsque le taureau est *parado* (indolent), le directeur de la course, afin de stimuler son ardeur et d'exciter sa colère, autorise l'emploi des banderilles armées de pétards qui partent avec bruit au contact de la peau qu'elles déchirent.

Il est formellement interdit au banderillero d'accrocher ses dards ailleurs que dans les épaules. Le coup est parfait lorsque les deux banderilles demeurent solidement et symétriquement fixées en bonne place, c'est-à-dire à égale distance de la colonne vertébrale.

Le taureau est livré au jeu exaspérant des banderilleros jusqu'au moment où le président des courses le juge en état *d'être servi* au spada.

LE SPADA

Le mot de matador n'est plus employé pour désigner le torero qui doit tuer la bête. On l'a remplacé par celui de *spada* (l'épée). L'acteur chargé de clore le drame a pris le nom de l'arme dont il se sert pour frapper. Son costume est le même que celui des chulos et des banderilleros. L'étoffe en est quelquefois plus riche et plus ornée.

Il a pour armes une longue épée (*spada*) et un morceau d'étoffe écarlate (*muleta*) ajusté sur un bâton.

Le pommeau et la fusée de l'épée sont recouverts de cuir ou de galons de laine rouge afin que la main ne se blesse pas dans la violence de l'estocade.

Il est rare qu'un spada se serve d'une arme nouvelle avant de l'avoir plongée dans le sang d'un animal fraîchement égorgé. Il affirme avec la plus sincère naïveté que la trempe n'est vraiment excellente qu'au sortir de ce bain sanglant.

La direction de la course appartient généralement au plus ancien spada de la cuadrilla.

Picadors, chulos, banderilleros, spadas récemment engagés, demi-spadas, sont à ses ordres. Le spada directeur adresse une plainte au personnage officiel qui préside les courses dès qu'un des acteurs de sa troupe cesse de lui obéir, et aussitôt les gardes civiles (gendarmes) reçoivent l'ordre de s'emparer du récalcitrant et de l'enfermer dans la prison du cirque.

Après avoir assigné leurs places respectives aux picadors en les échelonnant à douze mètres d'intervalle l'un de l'autre, à la gauche de la porte du toril, le spada directeur veille avec le plus grand soin à ce que personne ne trouble l'entrée naturelle du taureau en se tenant de l'autre côté de cette porte. L'animal, en se voyant entouré, s'arrêterait court dans un moment d'indécision et manquerait infailliblement son entrée. Or, c'est en étudiant la façon dont le taureau se présente en scène que le spada reconnaît ses qualités de combat et règle aussitôt dans sa pensée les exercices auxquels vont se livrer les toreros.

Du premier coup d'œil il a deviné si l'animal est vigoureux ou faible, *aplomado* ou *parado;* et après ce rapide examen il fixe le nombre de chevaux que la bête devra éventrer et la quantité de banderilles qu'on lui accrochera aux épaules.

C'est encore au plus ancien spada, chef hiérarchique de la cuadrilla, que revient le soin de désigner aux toreros (spadas ou demi-spadas) les bêtes contre lesquelles ils devront lutter; à moins cependant que les propriétaires des ganaderias d'où sont sortis les taureaux n'aient choisi eux-mêmes, comme la chose arrive souvent, les toreros chargés de frapper.

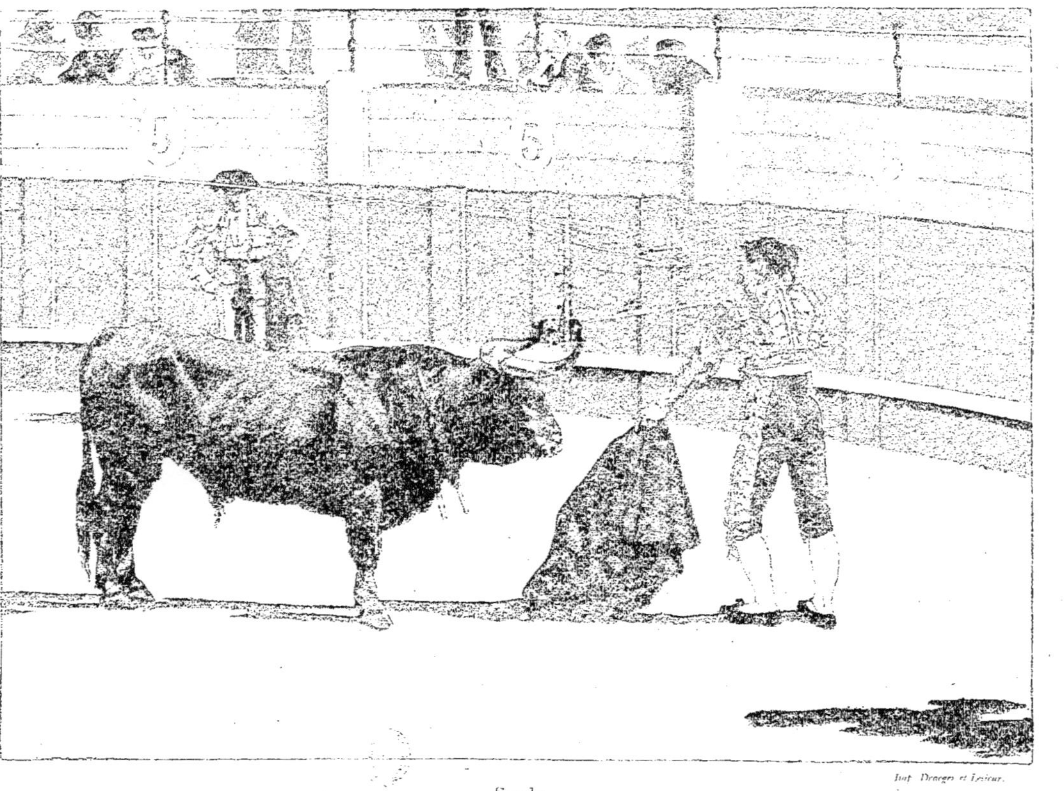

Imp. Draeger et Lesieur.

Spada.

[illegible] morceau d'étoffe écarlate [illegible]

[illegible] de l'épée sont recou[illegible] de cuir ou de galons [illegible] ne se blesse pas dan[illegible] [v]iolence de l'estocade. [illegible] serve d'une arme nou[ve]lle avant de l'avoir [illegible] fraîchement égorgé. Il [illegible] arme avec la plus [illegible] vraiment excellente q[illegible] sortir de ce [illegible]

[illegible] [gén]éralement au plus ancien spada [illegible]

[illegible] récemment engagés, demi-spadas, [illegible] adresse une plainte au personnage officiel [illegible] des acteurs de sa troupe cesse de lui obéir, et [illegible] reçoivent l'ordre de s'emparer du récal[illegible] du cirque.

[illegible] [res]pectives aux picad[ors] [illegible] les échelon[illegible] à la gauche de la porte du toril, [illegible] le pr[illegible] soin à ce que personne ne trouble [illegible] de l'autre côté de cette porte. L'ani[illegible] dans un moment d'indécision et man[illegible] c'est en étudiant la façon dont le taureau [illegible] qualités de combat et règle aussi[illegible] se livrer les toreros.

[illegible] animal est vigoureux ou faible, *aplo*[illegible] examen il fixe le nombre de chevaux que la [illegible] de banderilles qu'on [illegible] aux [illegible]

[illegible] [cu]adrilla, que [illegible] les bêtes contre [illegible] propriétaires des gana[illegible] [eux]-mêmes, comme la chose

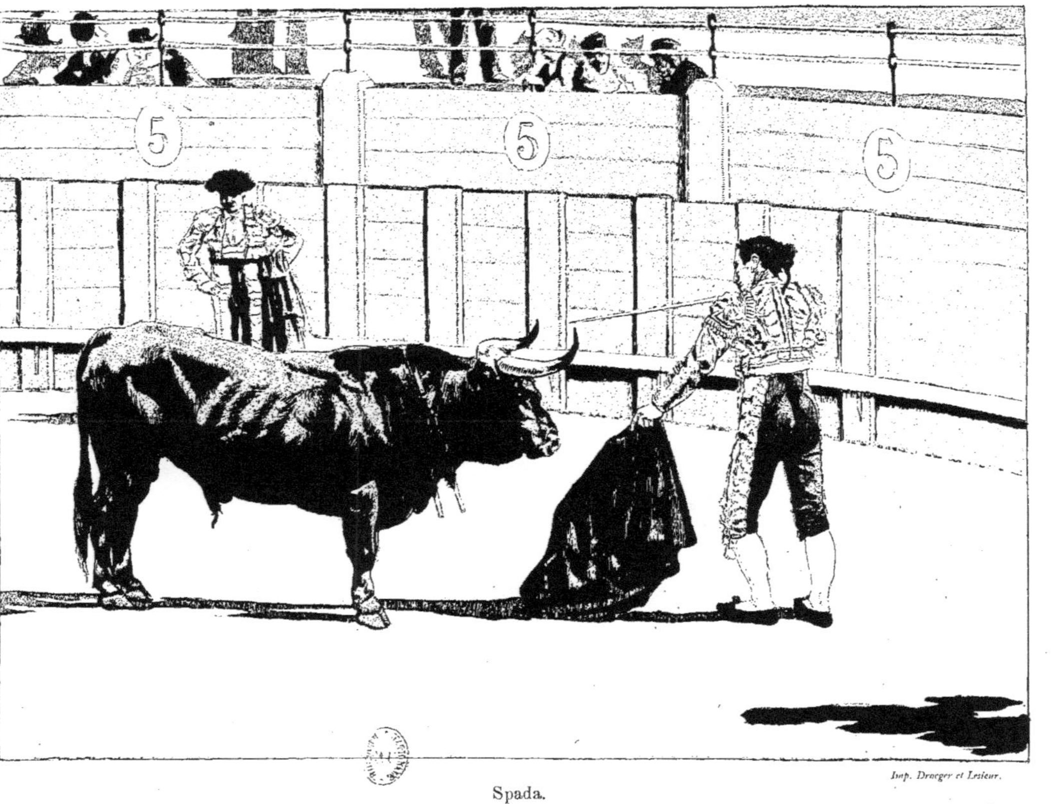

Imp. Draeger et Lesieur.

Spada.

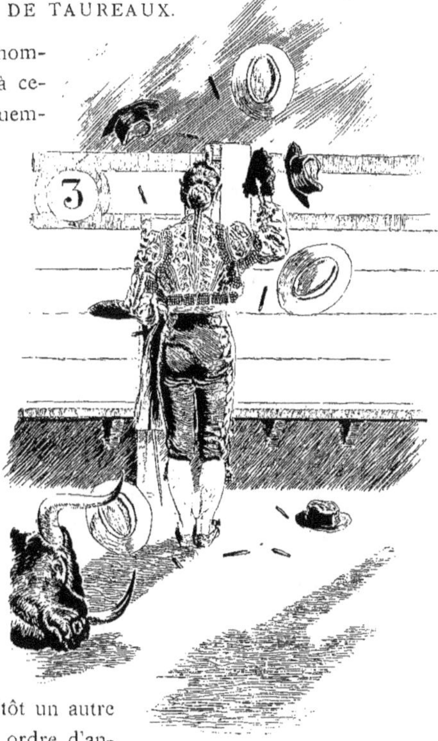

L'OVATION.

Dans la plupart des courses, le nombre des taureaux étant supérieur à celui des spadas, il arrive très fréquemment que des banderilleros sollicitent l'honneur de combattre avec l'épée. Le directeur a pleins pouvoirs pour accorder ou refuser cette faveur. Il l'accorde presque toujours. Il est rare aussi qu'il refuse l'autorisation, sollicitée très souvent par les spadas eux-mêmes, de prendre part aux jeux des capéadores et des banderilleros, en attendant le moment de lutter contre l'animal l'épée à la main.

Lorsqu'un spada a été mis hors de combat sans réussir à tuer le taureau, c'est au plus ancien de ses collègues de la cuadrilla que revient de droit le périlleux honneur de le remplacer. Ce dernier subit-il le même sort? Aussitôt un autre spada, en procédant toujours par ordre d'ancienneté, doit se présenter devant la bête, à moins toutefois que le public, émerveillé par les exploits du taureau, ne demande et n'obtienne sa grâce.

S'il arrivait, chose improbable, que tous les spadas fussent blessés, le plus ancien des banderilleros ramasserait l'épée pour la repasser, si les circonstances l'exigeaient, au banderillero dont l'entrée aurait immédiatement suivi la sienne dans la cuadrilla... Et ainsi de suite en observant toujours la même règle de succession que pour les spadas.

Avant de marcher au taureau, le spada s'avance sous la loge de l'*Ayunta-*

miento (conseil de ville) et crie à haute voix au maire ou au conseiller municipal président :

« *Brindo por el señor presidente yo voy a matar al toro ó el tiene que matarme. Olé !* »

Traduction libre :

« Je salue monsieur le président, et je lui demande l'autorisation de tuer ce taureau, à moins qu'il ne me tue. Hop !

« *Anda* » ! (Allez-y !) répond simplement le président en approuvant d'un léger signe de tête.

Le spada s'incline et, après avoir, avec un mouvement vif et gracieux, lancé sa toque dans la foule, il s'avance vers la bête.

Il ne doit frapper le taureau que lorsque celui-ci lui fait face, et, pour que le coup soit tout à fait réussi, la lame de l'épée doit disparaître entièrement entre les deux épaules.

Il se sert de sa muleta pour agacer et tromper (*angañar*) le taureau. La vue de ce lambeau d'étoffe écarlate habilement agité rend l'animal furieux. Il s'y rue tête baissée et, dans sa rage aveugle et stupide, présente à tout moment au spada l'endroit précis où celui-ci doit plonger son arme.

Las suertes de matar (les façons de frapper) sont aussi nombreuses que celles de *poner las banderillas* et ont avec elles de grandes analogies.

Mentionnons la *suerte de matar aguardando* (en attendant) et la *suerte de volapies* (en courant). Ce sont les plus connues.

Dans la première, le rôle du spada est purement défensif. Il attend que la bête le charge et profite du moment où celle-ci baisse la tête afin de le frapper, pour lui plonger son épée entre les deux épaules.

On raconte que Martincho Barcaiztegui, le plus illustre des *spadas aguardante*, s'asseyait sur une chaise placée au milieu de l'arène et y attendait tranquillement l'attaque du taureau, les jambes enchaînées, et n'ayant d'autres armes que son épée et son tricorne qu'il tenait à la main gauche en guise de bouclier. A l'approche de l'animal, le célèbre spada dirigeait la pointe de son arme vers l'endroit qu'il voulait atteindre, et la vigueur de son bras, la sûreté de son coup d'œil et son sang-froid étaient si prodigieux, que l'animal s'enferrait de lui-même en baissant la tête et venait toujours s'agenouiller, mortellement blessé, aux pieds de son vainqueur.

Aucun torero n'a tenté ce coup, qui paraît invraisemblable, depuis la mort de Barcaiztegui.

Dans la *suerte de volapies*, le spada prend l'offensive, et tantôt courant, tantôt marchant, poursuit le taureau, l'attire à lui, le fait pirouetter en tous sens à l'aide de sa muleta, puis quand il trouve la bête à point (*a punto*), il lui fait brusquement face et la frappe.

LE CACHETERO

L'estocade est très rarement foudroyante. La plupart du temps, le taureau blessé à mort s'arrête brusquement au coup, oscille un moment sur ses jambes et se dirige au petit trot vers la barrière contre laquelle il s'appuie lourdement. Mais bientôt il s'agenouille avec peine, puis se couche pour ne plus se relever.

C'est alors que le *cachetero* (le poignard) fait son entrée en scène sur un signe du spada qui agite inutilement sa muleta devant les yeux éteints de l'animal.

Armé d'un poignard large et tranchant, en forme de fer de lance, cet infime et dernier acteur du drame s'approche sournoisement, à pas de loup, du vaincu et lui enfonce violemment son arme entre la première et la deuxième vertèbre cervicale.

Il lui arrive trop souvent de frapper à plusieurs reprises avant de donner le coup de grâce. Alors le public s'indigne et lui adresse les plus sanglantes injures.

Le cadavre du taureau est entraîné hors de l'arène par trois mules fringantes, coquettement caparaçonnées aux couleurs éclatantes de l'Espagne.

LES TAUREAUX DE COMBAT

L'âge où le taureau de courses est en pleine vigueur varie entre 4 et 9 ans. Il doit être de bonne race et n'avoir jamais quitté sa *ganaderia*. Sur ce point les lois qui régissent les fêtes tauromachiques sont formelles. Le taureau qui a déjà lutté dans l'arène se souvient parfaitement des coups de ses adversaires, de leurs différentes *suertes*, du jeu trompeur de la *muleta*, etc., et serait trop dangereux à courir une seconde fois.

Sans être trop gras, ce qui lui enlèverait une de ses plus précieuses qualités, l'agilité, il doit être bien en chair afin d'avoir assez de vigueur pour supporter sans trop de fatigues les attaques incessantes qui précèdent l'estocade définitive. Pour être parfait il doit avoir la robe noire, luisante et douce au toucher, les yeux bruns et pailletés d'or, le regard fier, la tête large, courte et maigre, les oreilles velues, les épaules et la poitrine très développées, la queue longue et empanachée, les cornes épaisses à la base, légèrement arquées et très aiguës aux extrémités.

On a remarqué chez le taureau trois façons différentes de se présenter dans l'arène. De là une classification des taureaux de course en trois groupes.

1° *Los levantados* (les évaporés) se précipitent tête haute à travers la place, en courant de tous côtés et en faisant une foule de bonds et de cabrioles comiques avant de charger les picadors.

Ce sont les plus faciles à tuer.

2° *Los parados* (les indolents) arrivent au petit trot, puis s'arrêtent et retourneraient bien vite à la porte de sortie si les cavaliers ne les faisaient sortir à coups de *varas* de leur torpeur apparente. Quelquefois ils s'irritent à la première piqûre de l'aiguillon et deviennent alors terribles.

3° *Los aplomados* (ceux qui sont d'aplomb) sont les plus dangereux de tous. Je ne connais rien de plus imposant que leur entrée en scène.

Ils se présentent au public tête haute et sans se livrer à aucun des mouvements désordonnés et craintifs des levantados et des parados. Leur attitude

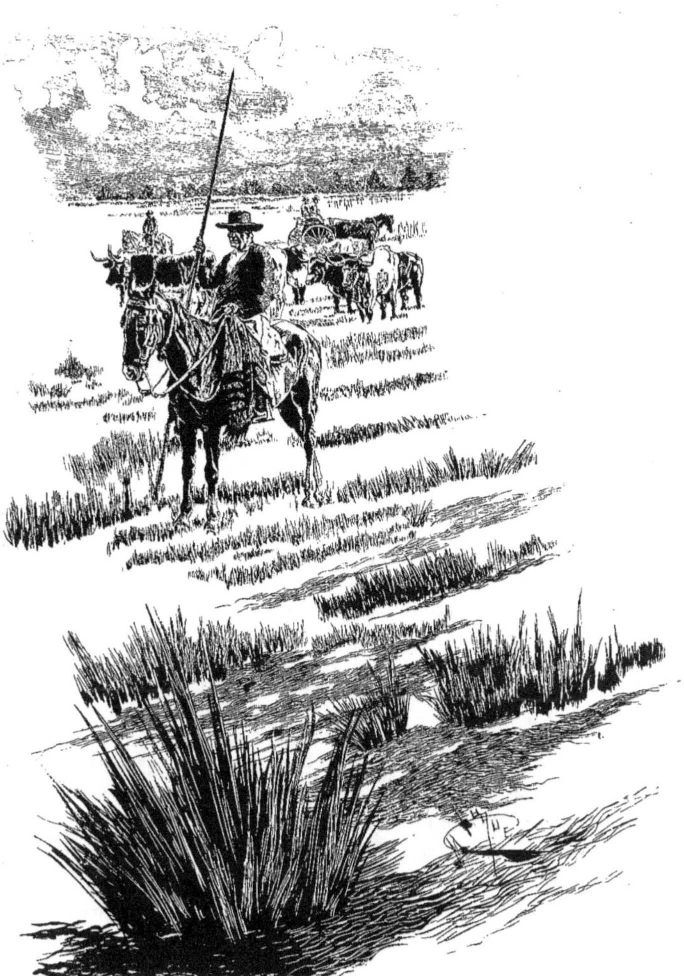

UNE GANADERIA.

est si souverainement majestueuse que la foule applaudit toujours en les voyant apparaître.

Ils s'avancent à pas lents jusqu'au milieu de l'arène comme pour permettre au public d'admirer à l'aise leur héroïque et dédaigneuse impassibilité en présence des nombreux ennemis qui les menacent.

Puis, après avoir brusquement frappé le sol de leurs quatre pieds, ils s'élancent sur l'escadron chancelant des picadors.

Les taureaux de combat grandissent en liberté dans des parcs d'élevage (ganaderias) toujours situés dans de fraîches vallées remplies d'herbes odorantes. Pendant très longtemps les taureaux d'Andalousie et de la Nouvelle-Castille ont été les plus recherchés.

On semblerait disposé à leur préférer aujourd'hui les *mestizos*, métis issus du croisement du taureau andalou et de la vache portugaise. Ce produit, tout en conservant la vigueur naturelle du taureau espagnol, est merveilleusement encorné et d'une extrême agilité, comme ses congénères des bords du Douro et des fraîches vallées de Braga.

Lagartijo a consacré en 1880 une grande partie de sa fortune à la création d'une importante ganaderia de mestizos aux environs de Cordoue.

Pour le moment, les ganadarias les plus en vogue de l'Espagne sont celles du duc de Veragua, de D. Antonio Miura, de A. Hernandez, du comte de la Patilla, du marquis del Saltillo, de F. Gomez, de Lagartijo, de D. Concha Sierra, etc.

Les taureaux de course ont pour compagnons de pacage des bœufs très intelligents (*los cabestros*) qui remplissent en quelque sorte vis-à-vis d'eux le rôle de chiens de berger.

Dès qu'un taureau franchit les limites du parc et s'enfuit dans la campagne, les cabestros, sans même attendre l'ordre du gardien, s'élancent à leur poursuite en faisant tinter furieusement la grosse cloche suspendue à leur cou. Ils ont bien vite entouré le déserteur qui, sans faire la moindre résistance, revient tête basse à la ganaderia au milieu de son imposante escorte.

L'utilité des cabestros n'est pas moins grande dans la place des courses, d'où l'on chercherait vainement à faire sortir, sans leur intervention, l'animal auquel il a été fait grâce de la vie. Mais il suffit qu'ils apparaissent, conduits par leurs gardiens, pour que le taureau s'empresse de se mêler à leur troupe et de rentrer avec eux aux écuries après une petite promenade au trot autour de l'arène.

LES COURSES DE TAUREAUX DANS LES VILLAGES

Il est encore d'usage dans la plupart des villages d'Espagne de célébrer par des jeux tauromachiques les principales fêtes de la Vierge. Ces réjouissances populaires auxquelles prennent part tous les jeunes gens, sous peine de perdre les faveurs de leurs *novias*, sont d'un pittoresque indiscutable dans leur grossière organisation.

Ici, absence absolue de président, point de spada directeur, ni de gardes civiles. Vainement on chercherait un chemin de refuge pour s'abriter contre les furieux coups de corne de l'animal, dont la vigueur n'est jamais amoindrie par les coups de varas des picadors, et les suertes des banderilleros.

La course a lieu à la première heure du jour, sur la place même du village où le taureau se trouve emprisonné depuis la veille, à l'aide d'amoncellements de charrettes entassées les unes sur les autres à l'entrée de chacune des rues adjacentes.

Les femmes et les enfants, assis sur les balcons qui encadrent l'arène improvisée, agitent des mouchoirs et des éventails en poussant des cris perçants pour exciter les combattants.

Qui veut, franchit la barricade et court l'animal. Celui-ci, pressé de toutes parts par des adversaires inexpérimentés et trop nombreux, n'a qu'à cogner de la tête pour faire des victimes.

Ces courses, presque toujours meurtrières à cause du désordre qui y règne et du mauvais emplacement où elles ont lieu, devraient, à notre avis, être supprimées. C'est aussi, croyons-nous, l'opinion des plus ardents aficionados, pour qui les exercices tauromachiques n'ont leur raison d'être qu'autant que les toreros qui s'y livrent, peuvent lutter avantageusement contre leur terrible adversaire, grâce à la méthode de leur jeu et à la science de leur escrime.

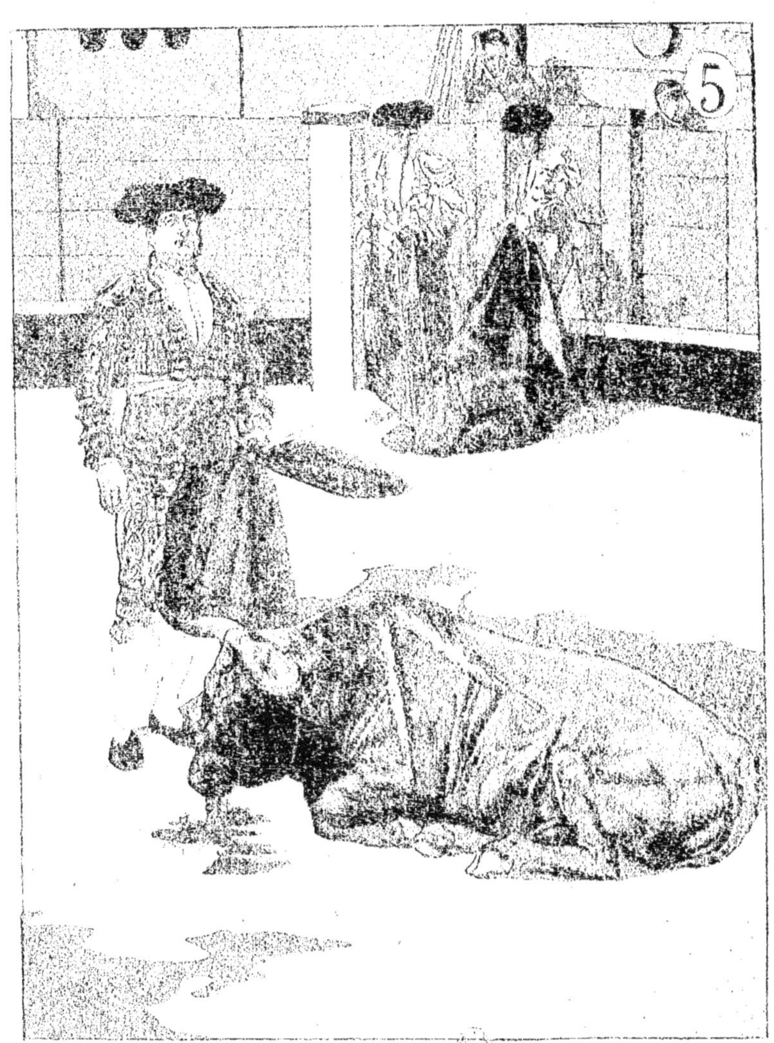

Imp. Draeger et Lesieur.

La muerte.

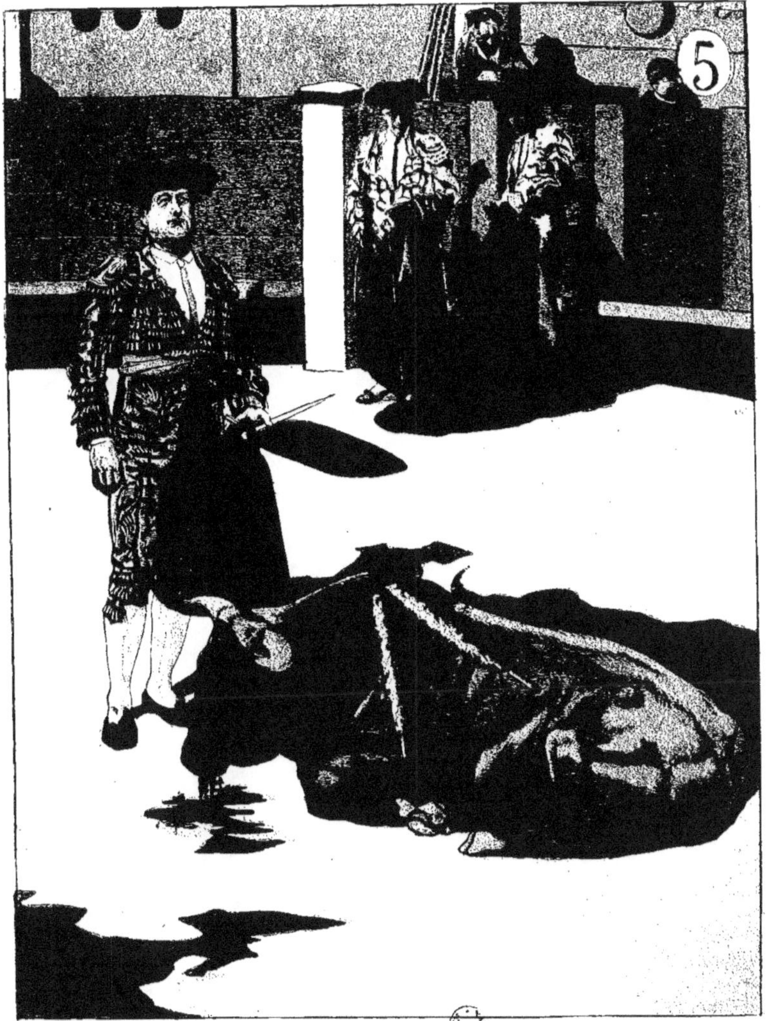

Imp. Draeger et Lesieur.

La muerte.

III

PARTIE ÉPISODIQUE

MORT D'EL POLLO

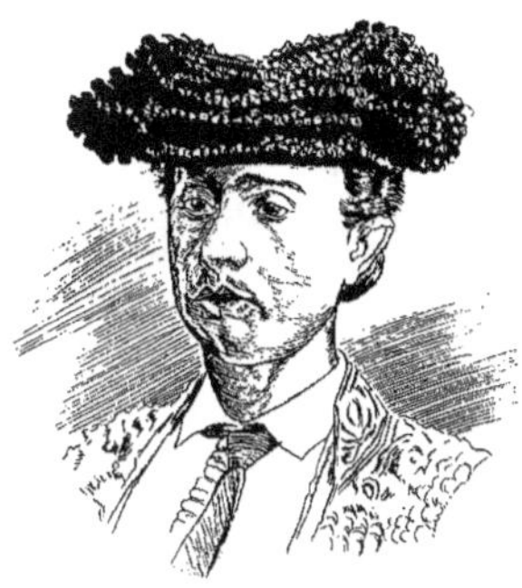

NICOLAS FUERTES (El Pollo).

Madrid, août 1880.

L'arène est au complet. Douze mille spectateurs s'y pressent dans une joie bruyante, au milieu d'un bruissement d'éventails pareil à un immense frémissement d'ailes. Il est cinq heures moins un quart. Encore quelques minutes d'attente! Pourquoi ne pas l'avouer? La fièvre d'impatience qui secouait la foule m'avait aussi gagné et, debout sur les gradins, j'agitais mon *sombrero* du côté de la loge de l'ayuntamiento en criant je ne sais quoi. Mon compagnon, Espagnol et grand amateur de courses, me regardait en souriant, d'un air légèrement railleur.

Un signal est enfin parti de la loge municipale, et les alguazils traditionnels, vêtus de velours sombre, coiffés de tricornes emplumés, majestueux comme le comte d'Olivarès, et superbement campés sur leurs noirs andalous, font au galop de chasse leur entrée dans l'arène.

Ils saluent le président des courses, puis disparaissent en toute hâte après avoir jeté les clefs du toril aux valets du cirque. Aussitôt de nombreux *capeadores* franchissent les barrières et font irruption dans l'arène. C'est vraiment un charmant spectacle que celui de ces hommes, tous jeunes, tous beaux, tous merveilleusement costumés, et qui, sans paraître se soucier du danger qui les menace, causent tranquillement entre eux, une main sur la hanche et le jarret tendu.

— Cette course sera peu intéressante, me dit mon ami. Je n'aperçois pas un seul torero connu, et je crains que l'animal ne soit *embolado*.

Les toreros les plus inexpérimentés peuvent, sans courir de grands dangers, s'escrimer contre un pareil adversaire. Je renonce à décrire cette course, qui se termina au milieu de l'indifférence générale. Un seul torero eut les côtes enfoncées. Une misère ! Le taureau qui avait à peine deux ans fut épargné.

— Maintenant, me dit mon ami, du courage !

Je haussai les épaules en souriant à mon tour et j'ouvris de grands yeux.

Bientôt les deux alguazils firent une nouvelle apparition. Cette fois ils étaient suivis de la cuadrilla qui allait prendre part à la course. La musique entonna l'air tauromachique si connu :

Ya sale la cuadrilla
De los toreros.
El Tato y el Gordito
Son los primeros...
. . . .

Et le défilé commença.

La colonne fit halte devant la loge municipale, et le président des courses avait à peine répondu au salut des toreros qu'une fanfare bruyante éclatait, annonçant la sortie de la bête.

En ce moment, je le confesse, j'éprouvai une émotion poignante et je sentis mon cœur battre très fort. Soudainement, je voyais passer devant mes yeux toutes ces scènes sanglantes de la *plaza de toros* décrites dans les relations